ぐろめ
ぬくいえむ

うつみよしこ

風詠社

題字とイラスト　うつみよしこ
装幀　２ＤＡＹ

目次

ありがとうございます（前書き）

一生食べさせて頂きました。地球全体が飢餓状態に陥っている今どき〝ぐるめ〟もないこと！　ですが。

こんなチッポケな存在、八十九才という長い年月を生かされた私が存在しているのは、〝食べることが出来た！〟からです。

〝ぐるめ〟はフランス語で美食家という意味ですね。〝れくいえむ〟は鎮魂曲で本来は教会で歌われる聖歌です。

自己流大好きな私は、このミサ曲を逆に今日まで私を支えてくれた数え切れない〝たべもの〟さんに、懐かしい想い出とともに、ありがとうのことばを添えて贈らせて頂きます。

ありがとうさーん。食べもののお恵み。

牛乳粥《がゆ》と生人蔘《なまにんじん》

首に真綿《まわた》をまいて、エプロンを掛けた小さい女の子の手にはチューリップのごはん茶碗。

その茶碗の中にはグツグツ煮上った白い粥と赤い擦《す》り下ろしが入っている。

女の子は私、チューリップの茶碗の中身は牛乳粥と生人蔘の擦《す》り下ろしである。

三才?くらいの女の子は気の進まない茶碗の粥をのろのろとスプーンで口に運んだ。

本当は、要らない子だった（と結婚してから姉に聞かされた）。

「流されちゃうところをお母様《かあ》がガンバってくださったのよ」。

（だから恩返ししなくちゃね…と含む言葉）

父にとっては、生まれてくる私は八番目だった。働き者で活動家の父ながら流石に

気分が重かったのだろう。専制君主のヒゴモッコス[注1]は母に〝堕ろせ〟と厳命したに違いない。

ところが、母はウン、といわなかった。

四十才での出産に挑《いど》んでくれたお蔭で、私は東京四谷信濃町の慶應病院で、この世に登場することが出来た。

が、九月予定日の筈が、八月末の早産児。危うくガラスの保育器に入れられるところだったとか。

ご多聞にもれず、病弱で幼稚園にあがる頃までは、眞綿の首まき、腹まき、吸入器などがお供だった。そして牛乳粥と生人蔘の擦り下ろし。実は、この栄養源は父の発案だった。

八番目の我が子の出現に臆病になっていた筈の父が、慌てて登場したひよっこを見た途端、気持ちがひっくり返ったらしい。

自分自身が、実はひ弱な生まれで、成長をあやぶんだ父の両親に半年も出生届を出してもらえなかった！という逸話の持ち主だったから、ひねくれていた父親の眠っていた父性愛が、もう一度ムクムクと頭をもたげた。

そして、牛乳粥と生人蔘の擦り下ろしへ、到達した！　万才。父は晩年、朝食として暖かい牛乳入りのオートミールを愛用していた。
父の牛乳粥であったのだろう。

注1：ヒゴモッコス（肥後もっこす、熊本人の頑固）

た・ま・ご

〈その一〉絹の舌触《したざわ》り

「ほろほろおたまにしましょうね。よし子ちゃま」

イセ子さんの透《す》き通った声が、掌《てのひら》のピカピカのたまごを揺らしている。

これだから、本郷の伯母さまの家《うち》のお泊まりは、タマラナイ。

粗相《そそう》をしても良いように、八反《はったん》の絹の布団には、きまってお尻が当たる広さにゴムの敷物がしかれていたが、翌朝そのゴムの敷物に異変が見

レシピ　ほろほろたまご
よく温めたフライパンに
よくかきまぜた落きたまご（サミリンシオ）
を一気に流しこみ・さ〜っと
掻きまわして、火を止める。
あとは、ていねいにお手前かように
ふわっと、おはしで持ちあげてね
やさしさとおもてなしの
スパイス入り。
「めんどりは
たまごで
できてるんだ」
ヤーフは
いいました。
たまごは一日
なんこうむのかな

られずにすむと、待ちに待った美味《おい》しい朝御飯となる。

伯父様のご出張の留守に、子どものいない伯母さまは、子沢山の妹（私の母）の子ども達に声をかけて、自宅に泊めて可愛がることを楽しみにしていたようだ。

「ほろほろおたま」とは炒《い》り玉子のことだった。ほんとうは、私にとって炒《い》り玉子なんて珍しい食物《たべもの》でも何でもなかった。

幼稚園に行く時は、チューリップのアルマイト弁当箱に、オカカやのりの二段の上にちゃんと炒り玉子は乗っていた。

ただ、大家族の朝の切り盛りに忙殺される母の炒り玉子は、甘すぎたり、醤油が濃《こ》すぎたり、チリチリに火が通りすぎたりしていた。

大家族のしまいっ子の私は、その炒り玉子みたいに、チリチリと大人達の中にまぶされて生きていた。

夢のような、正絹《しょうけん》の夜具から目覚め、―あっ良かったァ。オシッコたれてナイ―ことが分かると、いいようのない安らぎを覚え、卵の調理のしかたまで訊《たず》ねてくれるい、い、伯母さまの家のもてなしに、私はお姫さまのような幸せに浸《ひた》ることが出来た。

箱火鉢の鉄瓶はチンチンと歌い乍ら湯気を立てて、浮世絵から抜け出たように美しい伯母さまが、ニッコリ笑って、私のお泊まり専用のだるまちゃんのお茶碗に、アツアツのご飯をふわっと盛ってくれる。

「ほろほろおたま、ほろほろおたま！」と私は歌い、イセ子さんは、クレープデシンのように艶《つや》やかで、絹糸を丸めたようなふわふわの炒《い》り玉子を、美しい小鉢に盛ってくれた。

〈その二〉コケコちゃんとの別れ

そんな至福のひとときは、アッという間に終わってしまった。

玉子《たまご》は卵《たまご》へ、そして鶏《にわとり》の話へ、鶏の思い出は戦争と出征と生命のドラマに移っていく。

戦局も押し詰まって、大学生の兄達もついに見習士官として各々海軍、陸軍へと応召することになった。二人殆ど同時に近い出征となった。

そんなある日、〝これを召し上がって下さい〟と、知人が縄にくくられた鶏を一羽ぶら下げてやって来た。縄のくくりかたが下手《へた》だったのか、鶏は脚をバタバタさせ、首を嫌々《いやいや》させ、目をむいてコココココーコココココ、コ！と叫ぶ。

〝この鶏をどうするの？〟

〝首を絞《し》めて羽をむしってね。今晩の大御馳走だよ！〟

兄達が舌なめずりして言った。

その時、眠っていた私の魂《たましい》が目を覚ました。いつもは、居《い》るか居ないか？　わからない味噌《みそ》っ粕《かす》の私が生まれて初めてその存在を世に示した大事件（わたしにとってのの）が、ここで起きた。〝ダメ、駄目え‼　ダメだよう‼　首絞めちゃダメ、羽むしっちゃダメ‼　殺さないでよう！〟

兄達の手に噛みつき、傍《かたわ》らの父の着物の袖を引っ張った。兄達の手首に歯型がつき、父の着物の袖が引きちぎられそうになった。

泣きじゃくりながら私は大声で叫んだ。

〝私に頂戴！　私が飼ってあげるよう！〟

〝分かった。じゃ、よし子が飼うんだね。責任もって、飼ってやるのだね〟父が折れた。

兄達の別れの宴は、私の涙でいつもの真赤《まっか》な高粱《コウリャン》ご飯と芋の煮っころがしで終わった。

父が庭先に囲《かこ》ってくれた片隅《かたすみ》で、私はこの鶏を飼うことになった。丁度、雛鳥《ひなどり》から成鳥になりかかっていた雌鳥《めん》だった。台所からもらった貝殻を金槌《かなづち》で細かく砕き、原っぱから摘んできたオオバコやセリの葉を刻み、あるか無いかの糠《ぬか》と水で混ぜ合わせて、朝晩食べさせた。

コッコ、コッコと鳴くので「コケコちゃん」と名をつけて可愛がった。末《すえ》っ娘《こ》の私にとって、コケコちゃんは妹と同じだったかも知れない。

寝ても覚めても「コケコちゃん、〳〵」だった。するとその想いが伝わったのだろう、私が学校から戻って、門の潜《くぐ》り戸を抜けると放し飼いにされているコケコは、ココココ！と鳴きながら体を左右に揺らしながら、一直線に私のところに走ってくるのだった。

コケコを抱き上げて、羽の間にひたいを埋めると、ふわっと日なたの匂いがするのだった。

或る日、そうやってコケコを愛撫する密《ひそ》かな愉《たの》しみに浸っていると、コケコは突然ククッ、ククッと鶏冠《とさか》をピンと立て只ならない緊張を全身に走らせて羽毛を逆立てたのである。

慌てて手を放すと、コケコはアッという間に縁の下へと逃げこんでしまった。

そうっと縁の下の中に這うように首を突っ込んでみると、庭道具の陰にポツンと一つ卵が在るのを見つけた。

コケコは、もう素知《そし》らぬ顔で、縁先の砂を足で掻《か》いていた。

夜、父にその話をすると、〝そうかそうか〟とニンマリ笑って、〝卵をあちこちに産み散らすのは勿体ない。よし子、コケコの様子がおかしくなったらスバヤク抱いてきて、この中に入れてやりなさい‼〟

それから、古い炬燵《こたつ》の枠に古毛布を掛けて廊下の端に置いてくれた。

それからというもの、学校からすっ飛んで帰ると、私はコケコの状態ばかりに気を取られた。鶏冠《とさか》がピンーと立ち、くうゥッと体全体の羽が逆立《さかだ》ってくると、私はそれっとばかり抱きあげて縁側の囲いの中に入れ、古毛布で覆《おお》ってやる。

それからの冒険の楽しさは、想い出してもゾクゾクする。つまりは歴《レッキ》とした〝覗《のぞ》きの愉《たの》しみ〟である。

古毛布の重なりの隙《す》き間《ま》から、じーっと目を凝《こ》らしてみると、コケコは体全体を丸く膨《ふく》らませてコココ、コココとくぐもった声で一心に集中している。その集中が極《きわ》まった瞬間、コケコは半立ちになって、ポトンと柔らかい音を立てて、卵を産んだ。そう、丁度セミが羽化した瞬間のサァッという空気。それとあのデリケートな柔らかい実態の朧《おぼろ》げな新しい誕生。はかなげな生まれたてのピンクの卵。

それが空気に触れてみるみる白く光る堅い物体へと変わるのだった。

そんなコケコとの蜜月《みつげつ》も早やすぎ去り、コケコとの出会いから別れまで一年とかからなかった。

昭和二十年三月十日未明の東京大空襲で、父は母と下二人の娘達を故郷天草へ疎開させる決心をした。八方手を尽《つ》くして、父は熊本までの汽車の切符を手に入れた。

母が徹夜《てつや》で、帯をほどいて縫いあげた芯地のリュックには、たいしたものも入らなかった。

コケコを入れてゆくわけにもいかなかった。

出発の朝、コケコは、ココココ、コココココ、といつものように体を左右に揺らしながら、門を出ようとする私を追いかけて来た。

私は泣いていた。

汽車は、アメリカ軍の空爆に脅《おびや》かされて度々《たびたび》停車し、熊本の三角港《みすみこう》に辿りつくまで一週間もかかったが、その間、私はコケコの姿を目蓋《まぶた》の裏に、打ち沈んでいた。

コケコとの出会いと別れは、私の初めての恋する心？ 愛《いとお》しむ心、のレッスンだった。

戦争も終わり、一段落した時、私は訊ねた。

〝お父さま、コケコちゃんどうしてる？〟

すると父は、とてもバツの悪そうに頭をかき、

〝うん、あれねえーココちゃんねえ……結構肉は堅かったナァ〟

〈その三〉卵の出世

天草暮らしの中で終戦を迎え、いつの間にか私は、六羽の鶏《にわとり》を買う番人へと出世した。

戦争、疎開、父の転職、兄達の復員、姉の結婚…我が家を見舞ったドラマの数々の

中でも次兄の結核の再発は最大の懸案となった。よろよろと天草へ復員しては来たものの、病状は一向に良くはならず、母は兄に付き添って熊本の旧陸軍病院へと、島を出て行った。

いつの間にか私も中学生となっていた。

入れ替わりに出産の為に天草へやってきた次姉と私が細々《ほそぼそ》と暮らしていた。一ヶ月に一度、福岡勤務の義兄が、姉と赤ん坊の顔を見に島へやって来、その帰りにはリュック一杯村で掻《か》き集めた栄養物を詰めて、熊本の病院の兄の病床に届けてくれたのであった。

その栄養物の重要なひとつが、卵だった。毎朝夕、私は鶏小舎《にわとりごや》の掃除《そうじ》と餌やりをした。

鶏の糞《ふん》は乾くと風に舞い、散らばる大小の羽と入り交《ま》じって始末が悪かった。刻み込む菜の量も、砕く貝殻の量も、幸い多少の糠《ぬか》には恵まれたが、六羽の為に鍋いっぱいの餌だった。

コケコとの暮らしとは違って、気性の荒い雄がつい、とつついたりした。でも楽しかった。時にはびっくりするように美しい手羽を拾った。姉が〝外国では鵞鳥《がちょう》の羽をペンにするそうよ〃と羽の根元を削ってくれた。インクにつけてみたが、油ではじいて、書けることはなかった。

夕方、鶏小舎に入ると、決《きま》って数個の卵が産み落とされていて、それを姉は笊《ざる》に入れ納屋《なや》の風通しの良い場所に吊るしておいた。一月一度の夫の帰宅が終わる朝、もみ殻を敷いた箱に並べ、何十コもまとめた卵の土産を熊本の兄の病床へ、と託すのだった。だから、私は、自分の世話する鶏の卵を食べた事は、無かったのである。

卵と同じように、母の愛情も、死と向き合っていた兄の方へ全部持っていかれたのだった。卵は兄の為にこそ、存在した。

一度だけ、一生忘れられない美味しい卵を食べることが出来た。その年の夏、中学校で遠泳大会が催されることになり、私は選手にえらばれた。

〃お姉ちゃま、波止場《はとば》から阿呆《あぼ》の入江までの二キロの遠泳の選手になったのよ！〃と家に走り帰って報告すると、姉は目をパッと輝かせ、〃ヨカッタワネエ!!　ガンバリナサイ!!〃と叫んだかと思うと、例の笊から卵を二コむんずと掴《つか》み、どんぶりに大盛りにもった麦御飯に、バンバァーンと勢い込めて割り込み、〃さあ、おあがり!!〃と私の手に持たせてくれた。

私は目を白黒させて、白身《しろみ》をズズーと一気に飲み込み、黄味《きみ》はしっとり麦飯に馴染ませて、口の中で反覆しながら味わった。

それまで私はただの一回も〝卵を食べたい〟とはいわなかった。卵も母も、兄の為だった。そして姉もまた産後の栄養の欲しい体だった。姉の気持ちが、ババァーンという、どんぶりに打ちつける音に、こめられていた。

私はその遠泳で、中二の先輩と二人だけ、女子完泳を果たすことが出来た。

レシピ 生玉子かけゴハン
ばかばかしい、今どき生玉子？
コレステロールだ、インフルエンザ
ウイルスだという。それは、
たまには～ お腹がすくの
お昼には、二個の玉子を
パパーン！と割って、冷やゴハン
にかけて息もつかずにササーっと
どーぞ。びっくりするほどマイウ

美味《うまか》もんは山にも海にも

〈その一〉山桃《やまもも》

〝良かなッ。よしちゃん。よんにゅ（沢山）貰《もろ》うてけえな〟

〝わかった。お母さんにナ頼うでみるバイ。そしたら、きっとナ。教えてナ？〟

ミっちゃんはニヤリと笑った。取引成功というわけだ。その取引とは、ミっちゃんの秘密の山桃の木へ案内してもらう代りに、私の母から藁草履《わらぞうり》の鼻緒《はなお》に編み込む絹布《もみ》の切端《きれはし》をせしめて、ミっちゃんにあげるということだった。

梅雨もそろそろ明ける夏の初め、村の子供達

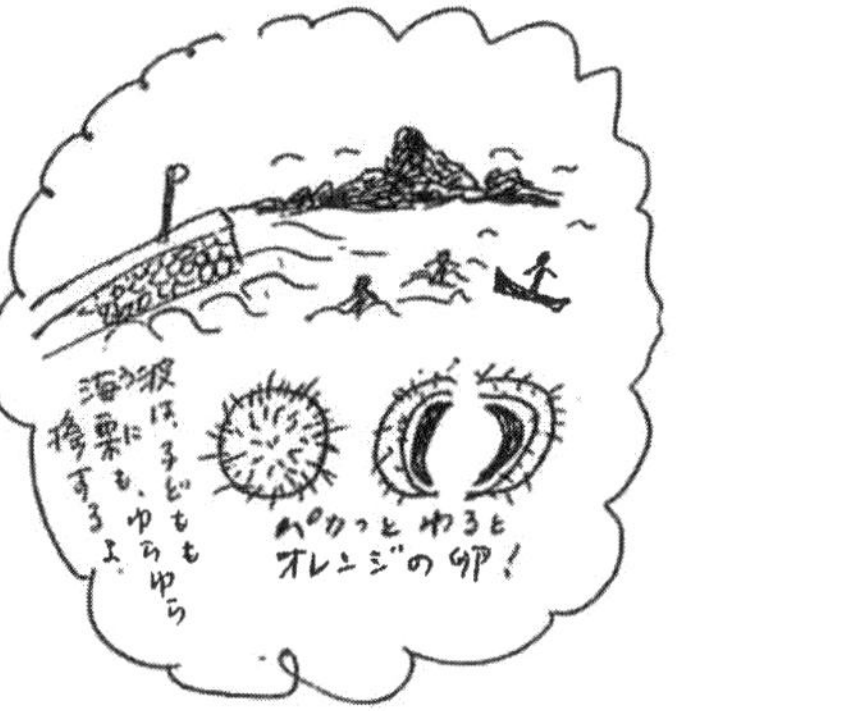
波は、子どもも
ゆらゆら
パカっと わると
オレンジの卵！

うめ（ゆめ）
シロップ
うめ（ゆめ）
ジャム
青梅は
少年のカオリがする。
シロップは透明な
ジャムはあったかい
さわやかな
ナツの食卓に。

は堤で水遊びをした後、藁草履をバタバタ言わせて、火山岩の入り混じった小高い山のけもの道を登って行った。丁度食べ頃に熟してきた山桃をたべるためである。

都会育ちの私の足指は、履きなれない藁草履の鼻緒の固さに擦《す》りむけて、いつもうっすら血をにじませていた。とても皆の後《あと》には付いて行けなかった。ただ呆然と一人立ちすくんでいる私に、ミっちゃんは、こんな話を持ちかけた、のだった。

ある日、母からやっとねだった紅《あか》い絹《もみ》の小布を持っていくと、ミっちゃんは即座に、〝足らンとー〟といった。

〝おるの（私の）山桃ン木はナ。ヒミツの木ぞい。だれえも知らんと、よんにゅ（沢山）なっとると〟といってプイと顔をそむけた。

私は母にもう一度拝み倒して、防災もんぺの上下に変わった上等なお召しの着物の鹿の子の裾廻わしの、きれいなピンクの切れ端を、藁草履の鼻緒に編《あ》み込むのに都合《つごう》が良いように何本も切り分けてもらった。

約束の日、ミっちゃんは私の手の中のきれいなピンクの鹿《か》の子《こ》の布をみて、にんまりと笑って、〝行こうバイ！〟と山道《やまみち》を登りだした。

そこは、村の外《はず》れの部落で、鉱泉宿がたった一軒ある入江の裏山だった。

天草という島の山々は大部分が火山岩で、この辺《あた》りの山道も、一歩踏む毎に小さい石のカケラがなだれ落ち、そのためズズーと後戻りしそうになる。滑り落ちないように、五本の指の爪を立てて踏んばらせるのだ（そうして私の華奢《きゃしゃ》な両足も段々と百姓足に成長したが）。

山際《やまぎわ》に生えている雑木の枝に掴《つか》まり、岩にしがみつき、右に左にと折れながら息を弾《はず》ませ、やっと登り切った小山の頂上に、そのヒミツの山桃が在った。あゝなんとよんにゅ!!　たわわに熟した山桃の濃《こ》い紫の実が〝待っとったよ〟とばかりに、風に揺れていた。

ミっちゃんは、猿の子のようにするすると幹を上り、枝の股から股へと足場を変えては〝ほれえ！〟といって山桃の実を、ひろげた私の古い手拭の中に放り込んでくれた。

木の根っこに坐って、二人はムシャムシャと山桃を頬《ほお》ばった。苺《いちご》のような、無花果《いちじく》のような、何とも言えない甘酸《あまず》っぱさが、口の中にじゅわーっと広がった。

眼下に広がる天草の海の午後の静寂《しじま》を眺めながら、二人でたべた。そして、二人は、お互いに満足した。

〈その二〉海栗《うに》は泳いでたべる

村では、小学校を終えて中学へ上がる子は一人か二人で、あとは青年団員、処女の会会員となる。まだ兵役に達していない青年は、出征した父の代わりに海へ出漁し、山へ登り木材を切り出し、田畑で母親の手助けをした。

処女たちも同じように田畑や海で、親や祖父母の手伝いをしてすごしていた。日中、汗をかいた年頃《としごろ》の男女の夏の楽しみは、日暮れてからの水遊びだった。褌《ふんどし》一丁の男達が船べりに爪先を掛けて、勢い良く頭から突っこむと、その度に小さな手漕《てこ》ぎ船が木の葉のように揺れた。

水着などのない頃、女達は綿《めん》のシュミーズをブルマーの中に入れて水に入った。すると、ブルマーのゴムでとめられたお腹《なか》のまわりがブワーっと風船のようにふくらむのだった。

〝よしちゃーん！　水に入ってみんね？（みなない？）こぎゃんして、手と足で水ば掻いてみさい？　おるがほう（ホラ）、ここで待っとって、とらえてやるで！〟

処女のてる子さんが、水の中から手を振っている。

〝ヨーシ‼〟〝やってみよう！〟私は何のためらいもなく、てる子さんの方に向って水の中に入った。言われた通りに手足をバタつかせた。……が、ズズーズボン！私は水の中に引っ張られ、自分が沈んでいくのを感じた。水をゴクリ！とのんだ。夢中で手足をバタつかせた。息が止まりそうで、心の中で〝お母ちゃまあ助けてえ！　お母ちゃまあ〟と叫んだ。すると、スウっと体が上にのぼって、水面にポカっと顔が出て口の中からは海水がバァっと出たのである。

てる子さんが素早《すばや》く私の両脇を抱えてくれて、〝危なかったなあ！　まちっとで、溺《おぼ》れ死なすとこじゃったバイ〟とケロっとした声で言った。ワァっと泣き出した私のことなど、オレンジ色に染まった夕暮れの海は、そ知らぬ顔をしてゆったりと水量《みずかさ》を増して行った。

それから、私は泳げるようになった。水が怖くはなくなったのだ。

田植えの終わる七月の初めから旧盆すぎ迄余程の風雨でない限り、学校から戻れば、波止場《はとば》ぐらしだったのである。

「八月九日」のお昼近く、島の山の西の空に炸裂音《さくれつおん》とともに閃光の強い稲妻（長崎原爆投下）に目が眩《くら》んだ時も、波止場の水際《みずぎわ》だった。（八月九日　長崎原爆投下）

潮が干潮《ひい》ていたある午下り、親類で同級生のさっちゃんが来て、〝よしちゃん、瀬へ行って海栗《うに》たべんね〟といった。

瀬？　……それは波止場の突端よりももっともっと沖へ突き出ている岩場だった。一日に上《のぼ》りと下りが一回ずつ通《かよ》う連絡船がすれすれに通《とお》り過ぎる沖の瀬のことだ。〝今、潮ン干いとるで、泳いで行けるよ。よかで、行たてみゅう（行ってみよう）〟

さっちゃんに付いて波止場の突端まで歩いて行った。瀬はそこから百メートルほど沖に、白い波に洗われている。

波止場から瀬に辿りつくには、外海《そとうみ》を通らなければならない。

普段から大人しいさっちゃんは、性格の落ち着いた子だった。代表で作文を全校生徒の前で発表した時など、小さめだが堂々とした態度で〝目に青葉、山時鳥《やまほととぎす》、初がつを〟といきなり大人のような書き出しを読んで、びっくりさせた。

さっちゃんが先ず、石垣の隙《す》き間に足指先を引っ掛けて、一段一段用心深く伝って降り、〝ドボン〟と水に入ると、そのまますいすいと波止場の先から外海《そとうみ》へ向かって泳ぎ出した。

私も、見習って石垣を伝い降り、ドボンと水に入り、自己流の平泳ぎで港を出た。

途端《とたん》に、思いもかけぬ大きなうねりが、海水の深い部分から立ちあがって私を揺さぶり、私は自分の体が、どこかへ持って行かれそうな不安に襲われた。私はさっちゃんの方を見た。さっちゃんはうねりの中で体を上下しながらも、キッ！と前を向いて瀬を目指して泳いでいた。

〝そうだ！　私もあゝやるのだ！〟

私も体を横に持っていかれそうになりながら、一心に前へ前へ、さっちゃんを見つめて泳いだ。

海は波のない水際まで私たちを送り届けてくれた。

〝よしちゃん、怪我せんコツな！〟貝殻や岩に足を傷つけないように、二人でそろそろ這い上がった瀬の水溜まりのアチコチに、栗のようなイガイガの球《たま》が幾つも幾つも揺れていた。

〝こぎゃんすると（こうするのよ）〟

さっちゃんは小石で、そのイガイガのお腹の辺《あた》りをコツンコツンと叩く。ぽかっとあいた殻の中には、本当に美しいオレンジの卵がつまっていた。チュー・チュー、スルルルルル。甘い香りと潮の香りが口の中にふわっと広がって行く。

〝うまかなあ〟さっちゃんが得心《とくしん》した声を出した。〝うん、うまかあ〟生まれて初めて食べた海栗《うに》は、こんな冒険の挙句《あげく》に、手に入れたものだった。

瀬の水際すれすれに、上りの連絡船が、白い三角波を残してすぎて行った。甲板から、おじさんが〝気ばようつけて戻らんばあ〟と怒鳴《どな》った。

〈その三〉カボンスの贈りもの

きん子ちゃんはカボンス、と呼ばれていた。クラスの中で極端に背が低く体つきも幼かったが、逆三角の頭だけは人並以上に大きく、皆は算数の時間に習った4／2だの9／4といった頭でっかちの分数、つまり過分数をきん子ちゃんに当て嵌《あては》めて、仮分数《カボンス》と呼んでからかっていたのである。そのきん子ちゃんが、何時の頃からか私にまとわりつくようになったのだ。

〝よしちゃーん〟

下校時に下駄箱の陰から声がした。見るときん子ちゃんが、ニコニコ顔で手招きをしていた。薄汚れたスカートを前掛け代りにたくしあげて、中に青い梅の実を抱えこんでいた。

〝何ね？〟

〝こん梅ばよしちゃんにやるで〟

きん子ちゃんは、梅の実を私の手下げ袋に入れた。何のことか要領を得ないで持ち帰って伯母さんに見せると、〝青梅は生ではかじりなさいますな。お腹をこわしますけん〟伯母さんは顔をしかめた。

学校ではいつも、きん子ちゃんは半端《ハンパ》ものだった。缶ケリ、馬飛び、縄飛び……女の子が全員でワァワァ遊び興じている時、大抵木の根っこによりかゝったり、つまらなそうに草履《ぞうり》の爪先で、校庭に土埃を立てながら地面に絵をかいていた。

転入して間もなかった私も、東京弁から天草弁へ馴染《なじ》むのが大変で、みんなの輪に入りそびれたり、つくねんとする瞬間もまゝあった。きん子ちゃんが、ニコニコと嬉しそうに〝よしちゃん〟と近寄ってくるのはそんな時だった。たゞ、きん子ちゃんはどういうわけか、決して手ブラではなかったのである。

青梅の次は、桑の実だった。山桃と同じに桑の実は、私の初体験のたべものだった。山桃よりももっと水気が多いけれど、どこか日なた臭さのある桑の実は、私はあんまり好きではなかつた。

ある日の放課後、校門脇の樟《くす》の大木の陰から、〝よしちゃーん〟と声がきこえた。つれだって帰ろうとしていた友だちが聞きとがめ、〝よしちゃん、きん子の呼んどる！　うっちゃっておけばよかバイ。かえろかえろ〟と私の手を引いた。私は気になって、足を止めて、きんこちゃんを待った。

それはそれは沢山の桑の実だった。どこから摘《つ》んできたのだろう？

〝うまかバイ。早よ食え〟布の袋から紫色の固まりをわし掴《づか》みにして、私の手の平《ひら》へのせた。〝私、いらん〟〝よかで食え。あんたにやろうと、摘《つ》んどったと〟〝いらんよ〟〝よかで、ほれ〟。二人の手の中で桑の実がぐしゃりと潰れた。果物とも思えない、ドス黒い血の固まりで、スカートが赤黒く染まった。

十六夜《いざよい》の月が、祇園《ぎおん》さまの境内をぼんやり青白く照らす宵祭《よまつ》りは、村の人たちの格好の夕涼みの夜でもあった。

夜店のアセチレンガスの匂う賑わいもない島の宵祭りで、子ども達は余り広くもない境内で影踏みをし、大人達は団扇《うちわ》をバタバタいわせて、最近の村の出来ごとを話し合ったりした。夜の主役は、実は青年処女衆で、茂みや木陰の半《なか》ば大ッぴらの逢い引きは大人の公認でもあり、子ども達の興味は、影踏み鬼ごっこは外《うわ》の空。兄《アニ》さん姉《アネ》さんの動きに、しっかりアンテナを張っていた。

〝よしちゃーん、よしちゃん〟

むせかえる青木の灌木の陰から声がして、覗《のぞ》いてみると、きん子ちゃんがしゃがんでいた。この間の桑の実事件のことはすっかり忘れているようだった。

〝きん子ちゃん、どぎゃんした？〟

祭りの夜の浴衣の袖の下から、嬉しそうに〝祭《まつ》り団子《だご》持って来たバイ〟とさし出した。それは石蕗《つわぶき》の葉に包まれた米のだんごだった。きんこちゃんの家でも蒸籠《せいろ》でむしあげたのだろう。それをもって来たのだろう。

でも私は腹を立てたのであった。私の家でも祭り団子を、母が伯母さんに作り方を教わって食べさせてくれていた。

〝いらんバイ。ダゴは家《いえ》で食うてきた〟

きん子ちゃんは、ちょっと狼狽《うろた》えたが、

〝食えナァ。持ってきてやったとバイ。ナァ〟

押しつけてくるきん子ちゃんの石蕗《つわぶき》の包みが、ふくらみ始めた私の乳房の蕾を痛く刺激した。ドキッとした私は、石蕗《つわぶき》の包みを草叢《くさむら》に放り投げ、境内の影踏みの仲間の輪へと駆け出して行った。

青木の茂みは、しーんと静まりかえった。

私は、きん子ちゃんの食べ物攻勢に今は怒りたけっていた。そしてみんなに〝ブチまけた〟のである。ついでにある事無い事も加えて。

〝あん子は、しつこかと。まっとれ、よしちゃん〟

輪の中の何人かが、茂みの方へ駆けて行った。

それから、バッたり〝よしちゃん〟というきん子ちゃんの囁《ささや》きは聞こえなくなった。

私は清清《せいせい》した。

盆が終わり、沖に白波が立つ頃二学期が始まった。きん子ちゃんは、学校へ来なかった。

ある日、漁師《りょうし》部落の路地《ろじ》を曲がった処で、家の戸口を板で打ちつけている父親の脇で、赤ン坊を背負《しょ》っているきん子ちゃんを見つけた。

小さな体に、弟だろうかくりくり坊主の赤ン坊を背負っていた。8／2ぐらいのカボンスそのものだった。

〝きん子ちゃん〟と呼びかけて息をのんだ。きん子ちゃんは、まるで知らぬ人のようにプイ、と横を向いたのだ。

それから、一家で五島列島の方に漁に出たらしく、秋になってもきん子ちゃんは、学校へ来なかった。

梅の実のなる頃は、私の心が疼《うず》く季節である。

赤ンボ抱いた
　キンコちゃん
チィちゃんも…
サッちゃんも…
たみえさんも…

銀座のぐるめ

「満留賀のきつねそば」それいゆ編集部の机

〝あ、満留賀《まるが》さん？　ひまわり社のTだけどネ。いつものキツネソバをひとつ。いいね、お願いします〟

毎日、十一時半になると、経理担当のTさんの机上の黒電話が、ぐるぐる、とまわる。

――そうそう、もうおひるだナ。デスクの原稿書きの消しゴムのかすをさらって、そう気づく。

取材で外出していない限り、このT氏の電話で、自分の腹時計に気がついた。

このT氏の電話の特徴は、〝あ、…〟で、〝あー〟ではなく〝あッ〟とちょっとおどろきの言いまわしだった。

満留賀そば店は、当時銀座七丁目、資生堂の脇を入り金春《コンパル》通りの一郭にあった。

新橋芸者の稽古場が近くにあって、出前も忙しかったようだ。

「銭形のカツライス」

勤務先〝ひまわり社〟は銀座七丁目、ガスホールビルの角を入って、シャンソニエ〝銀パリ〟の斜め東の小さなビルの四階にあった。

取材から編集部へ戻って、夜は遅くまで原稿書きという〆切真近の夕方は〝銭形のカツライスを注文するゾ〟とオゴル興奮に身震いしたものだった。（銭形トンカツ屋）

一万円札にも満たない（六十年以上前）新米記者の財布の軽さであった。

経理のT氏が退社した夕暮れ時、今度は私が黒電話のダイヤルを廻す。

〝あッ、銭形さん？　ひまわり社ですけど…〟

山もりキャベツに、音たてているような揚げたてのトンカツが、ごはんと一緒に届けられて、至福の私は、またゴシゴシと消しゴムをお供に〝夜の部〟に突入した。

私のギンザぐるめであった。

北へ

「車中の帆立貝柱」

銀座のくらしはあっけなく終わった。まだまだこれからが一人前！という時に、母が脳梗塞で倒れ、四才上の未婚の姉と私の行き先を心配して、独立して家庭を持っている姉達が下の妹達の結婚をいそがせた。

その姉のひとり、札幌にいる姉からお見合いをすすめられて…縁とは不思議なもので、銀座を離れて札幌へと矛先《ほこさき》が変わった。

夜行列車〝初狩《はつかり》〟は夕方四時すぎに上野駅を発った。まだ機関車の時代で、窓を開けていると、速度が速くなると煙突の煤が流れこんで来た。

同じ電車に中年の夫婦がすわっていた。

上野から青森 ― 青函連絡船 ― 函館と延々と同席するので…時間を追って親しくなった。

中年の夫婦のご主人は、ずうっとニッカの角瓶を窓の桟においてチビリチビリ舐めていたが、つっと、つまみの貝柱を差し出して云った。

〝お嬢さん、少しどうですか？……噛めば噛むほどウマイですョ。ホタテの貝柱ですよ〟

素直に口の中で転がしてみると…まあ!!　ジュワーっと甘い味が口の中にひろがる。

〝お嬢さん、時に札幌までですか？　一人でよく遠い札幌までネー〟

〝はい。秋の結婚を控えて婚約者に会いに行きます〟

〝そう！　札幌迄ねぇ。お嬢さんひとりで婚約者に逢いにネ。イヤー!!　お母さん♪

青春だねえ。良い話です〟

酔いの廻ったご主人が傍らの奥さんに話しかけた。

奥さんはひろげた弁当の箸を休めて言った。

〝私達は、札幌へ帰るんですョ。久しぶりに内地《ないち》に、法事で出掛けてきて、その帰りなんですよ。…札幌は良い街ですョ。でも冬はネェー。長いですからね、雪の暮らしが。東京育ちのお嬢さんが馴れるまでは、ちょっと辛いこともあるでしょう。ま、せめてこの夏の札幌をたっぷり味わってください。きっと好きになられますよ。

そう、ホタテといえばネ、札幌では生《なま》で食べられるのですよ。内地じゃ缶詰か、この干しホタテしか食べられませんよね。お刺身もおいしいし…。あ、婚約者の方にホタテのフライを奢ってもらって下さい。「雪印パーラー」でも「石田家レストラン」でもメニューにありますから〃

二人は、それから…北の街札幌のくらしについて話をしてくれた。

口の中のホタテを噛みしめながら…これからは北へ目指しているのだ！と思い、心が高ぶった。

列車はいつの間にか北の大地ポプラの葉のそよぐ道を爆進して行く。

北だより

「うまいっしょ」　余市のたらこ

札幌の住人となって間もなく冬の訪れが始まった。

社宅から一本道をへだてた日蓮宗のお寺からドンツクドンツク、ドンツクツクツクとうちわ太鼓の行列が出て行く頃、雪虫が舞ってチラチラと雪も降り出して空は底無しのグレー一色となった。

社宅の窓からは「創業明治九年サッポロビール」と書かれた煉瓦の煙突の星印が、伝統地場産業で働いている夫の帰宅の遅さにつ

いて…待つのだヨと北国に馴れない私を諭《さと》すのだった。

つわりのだるさと馴れないストーブ扱いにどうしようもない寂しさにおそわれていた午《ひる》さがり、トントン、トントンとドアを叩く音がした。

そっと開けてみると、小さくて肌がピカピカのおばあちゃんが、自分の身丈《みたけ》ほどに大きい竹籠を背負って笑っていた。

〝奥さん！　たらこ、いらないかい？〟

〝たらこって、あの助宗鱈《すけそうだら》のこと？〟

〝そうだサ。あったらしいたらこだよ。旨いよ。食べてみませんか？　アラ、ドッコイショ〟

返事をする暇もなくピカピカおばあちゃんは、上がり框《がまち》にその大きな竹籠を置いて、うやうやしく取り出した新聞包みをそっとひろげた。

竹の皮からピンク色のぬめぬめとした太い男の指のような生のたらこが現れた。

〝アラ、割り箸かなんか無い？〟

私から受け取った割り箸で、そのぬめぬめピンクのたらこを二センチ程切りとって、

〝アラ、おしょうゆって無い？〟

私が差し出した正油指しを受けとると、たらこの切れ端を私の手の平に置き、厳命した。

〝正油はたらっとひとたれ〟

と言いながら正油をたらこにちょっぴりたらして、

〝そう、そう。ホラ！　うまいっしょ！

つわりなんかのときにはネ、白い御飯にたらこ載っけてサァ、正油をひとったれ。元気が出るヨ！〟

それ迄、私はたらこは焼いて食べるものだとばかり思っていた。幼い頃、火鉢の上の餅焼き網にのせて、炭火で焼いていた思い出があった。何度も引っくり返して、身がパラパラと弾《はじ》けだすと〝焼けましたァ〟と報告したものだった。

ぬめぬめピンクの生鱈子は札幌一番の初体験のひとつであった。

おばあちゃんは、それから月に何度か、重い竹籠を背負《しょ》って余市からやって来た。途中で物々交換をしたという豆や野菜やら。

が、私にとって新鮮だったのは〝燻製《くんせい》〟だった。燻製といえば鮭の燻製しか知らなかった。

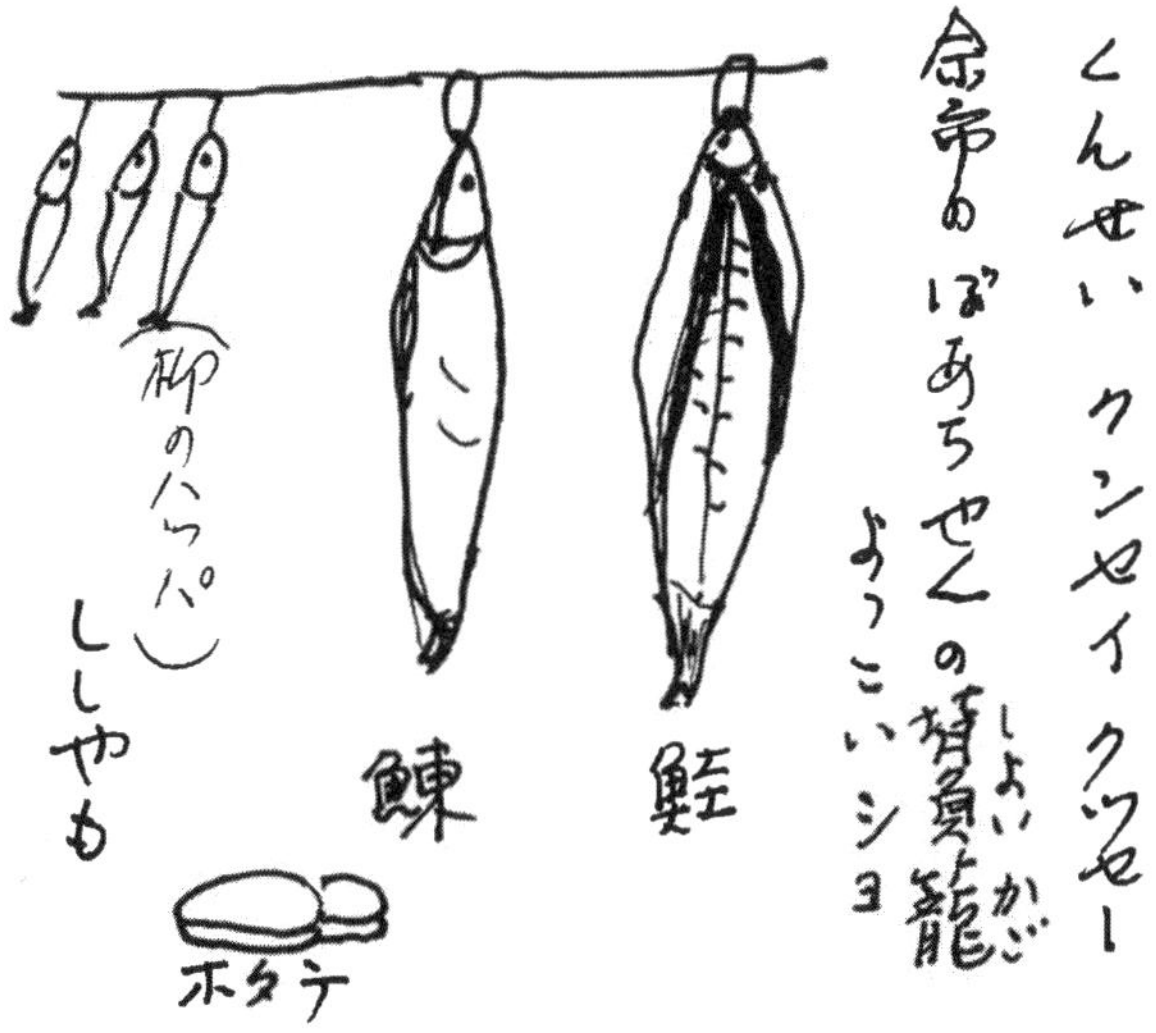
くんせい クンセイ クッセー
余市のばあちゃんの背負籠《しょいかご》
ようこいショ
鮭
鰊
（柳のハッパ）
ししゃも
ホタテ

イカの燻製、秋刀魚《さんま》の燻製、カキの燻製、鰊の燻製、ホタテの燻製（これは列車の中で初めて知った）、どれもこれも個性豊かな香りと味があった。どれもこれも黒々と光り、噛み応え抜群。

〝冬場はネ、時化《しけ》たり雪が降ったりするッショ。漁師たちはサ、知恵を絞るのヨ〟。

燻製の次に背負って来てくれたのが、魚貝類の粕漬だった。私は教わって粕漬にはまりこんだ。

酒粕と砂糖、に塩少々加えて一旦沸騰させた湯を加えて、糠ミソくらいの柔らかさにといて漬けこんでいくのだ、と教えてくれた。

〝材料は布巾で水気を拭きとってサ、入れものにひらべったくサ、並べて漬けてね〟

余市仕込みの粕漬やら、珍しい秋刀魚や柳葉魚《ししゃも》の燻製やらを、せっせと東京の人々へ送った。

〝珍しい北だよりご馳走様〟と返事も来た。

春が来た

札幌への車中で、ホタテ貝の奥さんが伝えてくれた通り、北の街の冬の長さには閉口《へいこう》した。でも、優しい夫、既に経験豊かな姉の一家のサポートと、お腹の中でスクスク育つ子に勇気をもらい、待望のゴールデン・ウィークを迎えた。

大通公園の花壇に色とりどりの花が一斉に花ひらき、丸山神社の桜が咲き、ポプラ白柳もアカシアもパァーっと芽吹いた。

あの吹雪の日、八百屋が室《むろ》から出して来た十五センチ位の長さの三浦大根を、目玉が飛び出る高さで売っていて、念願の〝おでん〟をどうしても炊《た》けなかった…ことなど、夢の又夢。

　キャベツの山、大根の山、ジャガイモの山、ホーレン草の山、新玉ねぎの山…段々春が進むと、瓜の山、イチゴの山、スイカの山。

　なんでも山のように積まれた市場となる。イチゴをスコップですくって新聞紙の三角袋にポイーといれて売っていた。

　そして私は、今度はジャム作りに熱中する。小さめのプラバケツ一杯イチゴを買って…大鍋でグツグツグツ。砂糖の泡を丁寧にすくい取って、仕上げにレモン汁を入れた。

　このジャムは無添加。いえ、私の心の添加物が入っている。それは瓶に詰められて、東京の両両親へと送られた。

〝私の北便り〟を自身で嬉しく思った。

春が来た!!
イチゴは
スコップで
すくってくれます♪

目をつぶると聞こえてくる。

シャンシャンシャン!!

道産子《どさんこ》の首につけられた鈴の鳴る音である。夏が過ぎ、大通公園のトウキビ売りが賑わい始める頃、北五条の社宅近くの道の駅に、石炭を運ぶ道産子《注どさんこ》達が、親方に連れられて休憩に立ち寄る。夏がくれば、冬の準備！が北の暮らしであった。どの家も一冬の石炭を貯える。

石炭を運んで馬方は〝馬の駅〟で馬のお尻にくくりつけていた叺《カマス》のオムツを取り替えて自分は、一服するのだった。

すると…、裏の八百屋のコンセサンが声をかけてくる。(紺世＝名字)

〝奥さん、瓜の良いの入ったョ。大根もそろそろだよ。漬物の準備するッショ!!〟

いつの間にか三人家族となった私は、夫の新しい職場、みちのく仙台への出発準備に忙しくなる秋であった。

注：道産子《どさんこ》（足が太く短い北海道生れの馬）

人生のみちづれ　コーヒー

〈その一〉一杯のコーヒ

一杯のコーヒから／夢の花咲くこともある／町のテラスの夕暮れに／二人の胸の灯が／チラリ／ホラリとつきました

〝いっぱあいのーコーヒからーゆめのはなさくことも　あるうー、ジャンジャカジャーン〟

廊下を走る下駄のカタコトが、ベッドの兄の枕にひびく。

夕方になると、毎日のように、〝いっぱあいのーコーヒからー夢の花咲くジャンジャカ

カフェ
の前を通って。
アイスを一本買いました。

イサキを焼きながら
コーヒってて。

ジャーン〟がドアの前の板張り廊下を走り過ぎる。

〝うるせえナァー一杯のコーヒ、コーヒって。コーヒじゃねぇんだョ。コーフィー。パリじゃナ。カ、フェーつて言うの〟

風がソヨとも動かない旧陸軍病院の壊れそうなベッドで、結核をこじらせた兄が、夕暮れの残暑に耐えている。二十六才の青春だった。

兄に食べさせる為に、天草から背負ってきた米や魚を手に共同炊事場へ行ってみると〝夢の花咲くジャンジャカジャーン〟は、五才ぐらいの女の子だった。中腰になって、七輪で煮炊きしている母親の背中にべったり張りついて、あきもせずに、一杯のコーヒから｜、と歌っていた。

〝お母ちゃーん。夢の花ってどぎゃん花ね？〟

〝せからしか。そぎゃん歌ばっか歌《うと》うて……〟

と娘を叱った母親が声をかけてきた。

〝兄《あに》さんな、やっぱ外地で負傷されたと？〟

〝いえ。内地の研究所におりましたばってん、結核が重もうなって〟

笊《ざる》から取り出したイサキのうろこを取ろうと、おっかなびっくり包丁を握る私の手から魚を取りあげると、母親は手早くそれを捌《さば》いてくれた。

〝ああたも偉《えら》かたい。中学生じゃろ？　兄さんも大事にな〟

〝なあ、夢の花ってどぎゃん花な？〟

うるさくつきまとう女の子の手を引くと、煮上がった鍋を重そうに片手でぶら下げて、母親は外科病棟へ消えて行った。

七輪でイサキの焼ける煙を見つめながら、〝夢の花なんてあるのカナ？〟と十三才の私も思ってみる。

長い間の付添い暮らしで、疲れ切って島へ戻ってきた母に代わって、街の陸軍病院ですごした私の夏休みも残り少なくなり、私の看護見習いも上達した。

ある午後、兄は枕の下から新円札を一枚取り出して〝街に遊びに行っておいで〟といった。

焼け跡にはポチポチとバラック建ての店も並び、掘立小屋の茶店《ちゃみせ》の軒先では、チャンポンあります。カストリ焼酎、サイダー、コーヒあります。とべたべたと貼り紙がしてあった。

バラックよりちょっとましな、窓の小さい、出入り口が色ガラスの洋風の店には、

「カフェ・パリ」と看板がかかっていた。人の気配はなく、カフェ・パリの扉はしまっていた。

兄に、コーヒでも、カフェでも買って行って飲ませたかった。でも、どうしてよいのか分からない私は、チリンチリンのアイス売りからソーダアイスを一本買って、道《みち》端《ばた》の切石《きりいし》に腰をかけて舐めた。じっとりまつわるような残暑の夕凪に汗がしたたり落ちた。

〈その二〉青春のアロマ

茶房・ワセダニアン・さなえ・らんぶる・門・風月堂・エトセトラ。

煙草のけむりとベェートーベン・耳のつんざくジャズのサックス。太宰治に坂口安吾・サルトルとボウボワール・火山灰地に冨士山麓・肉体の悪魔に天井桟敷・文学・音楽・哲学・演劇・映画。コーヒー一杯の青春。

その頃、私は自立していたかしらん。ひ弱な娘、本当は何も分かりはしなかったのだ。

一杯のコーヒーが、私に大人になれ〳〵とせっついていた。

カウンターにズラリと並んだサイフォンの中で琥珀の液体がポトポトと落ちて行くのを見つめながら、私はいつも不安だった。

　私以外の誰もが恋人を持っているように思えたり、勉強にもクラブにも、中途半端な自分に苛立ったりしていた。ある日、コーヒーカップの向こうから、〝君と死んでもいいよ〟と見つめられたことがあった。びっくりして、マジマジと見返すと、その眼は私と同じ、〝確かめられない自分自身〟に、必死に挑んでいるのだった。やめてよね！　コーヒー店の中は、自分探しの広場のように思えた。

　その頃から、私は一人でコーヒー店に入る

ことが好きになった。

〝へえー？　君って一人で茶店《サテン》に入るの。珍しいね。女ひとりでコーヒー飲むなんて〟

〝らんぶる〟の片隅で、一杯のコーヒーと仲良く〝チャイコフスキー交響曲四番〟やグローフェの〝大峡谷〟をリクエストした。とりわけ、大峡谷の〝山道〟のパートは大好きだった。

峡谷を走る急流の、又山道の力強くリズミカルなメロディが、私に〝それ前へ、それ走れ〟と励ましてくれたのである。

〈その三〉子連れのウインナコーヒー

デモ行進は静かに繁華街を上って行った。その時、小学三年、一年、幼稚園の三人の子供達に何と言ってデモ行進に連れ出したのかは忘れてしまっている。つい先日、長男（当時小一）にデモ行進の話をしてみたら〝覚えてるよ、〈アートコーヒー〉だろう？〟と答えた。ベトナム戦争が激しさを増し、その賛否両論の報道が毎日紙面や

ＴＶを賑わしていた。

ある日、「アサヒグラフ」のグラビアを見て、アッ！と声をあげた。

壁のように土盛《ども》りされた壕の内側で、目隠しされ十字に組んだ木に縛りつけられた少年の、息絶えたクローズアップの写真だった。

ベトコンといわれる反米の少年兵士の処刑の現場写真だった。体が震えた。血にまみれた少年の汚れたシャツ。グラビアの空が、真青だった。悲しみと怒りが体の中を走った。

数日後、小田実氏のべ平連がこの町でも平和行進をするという事を聞きつけて、私は参加してみよう、と思い立った。

その日は暑い初夏で、連れて来た子供達はへたばっていた。

〝ねえ、のど乾いたようママー〟

繁華街の一角で見つけて飛び込んだのが、〈アート・コーヒー〉の店だった。

ドライアイスが涼し気にケムリを立ちのぼらせているグラスの中のシャーベットを、三人は音を立ててすすっている。

小さな満足感のせいで、私は今まで飲んだことのない、〝ウインナコーヒー〟を注文した。琥珀の液体ととろりとしたクリームの白がツートンカラーで、美しいコーヒーだった。

〝私の反戦って、たかだかこんなものなんだ〟

中途半端は今に始まったことではなかった。でも兎に角、皆に混ざってデモに参加したわけだ。クリーミーなコーヒーを私は一口一口確かめながら、飲んだ。

〈その四〉しみじみとノホホンと

横浜駅ダイヤモンド地下街の〈トリコロール〉は狭く、いつも混んでいる。その店では一杯、一杯、お客の顔を見てから豆を挽き、温められたサーバーに、本ネルでドリップする。慌てない手捌《てさば》きで、ふわーっとまろやかなアロマが導き出されるコーヒーは、分量もたっぷり。

狭い入口に立って、パンパパーン！とドリップの本ネルを叩く音が響いているのを聞くと、嬉しくなる。

おきまりのアンティークの一杯を、唯ゆっくりと、ノホホンとすすっている私が、

Con Café
エスプレッソ
バニラアイス
軽井沢三笠屋の逸品。
ホントに マンゾク〜。
私・おすすめいたします
京都三条
イノダのコーヒー
ミルク
コーヒー
ミルクとコーヒーが
高いところから一気に!!
イノダのコーヒー

いる。

（ざんねんです。
トリコロール横浜支店は姿を消しました）

みちのく礼賛 ―― 仙台さんぽ

〈その一〉広瀬川の畔《ほとり》

秋になって仙台を訪れた。

本当に久しぶりだった。尋ねて行った四十数年前の社宅は跡形も無く、「荒城の月」の歌の通り「昔の姿・今いずこ」であった。

その頃、社宅は琵琶首丁《びわくびちょう》という感性溢れる町名の、青葉城の麓を流れる広瀬川に、そっと置かれた琵琶の首のような形の一郭に在った。

幼かった子供達が、夏の納涼肝試しで、

虚子さんの
土筆《つくし》
土筆のハカマ
はていねいに
とってね。イガ
イガするから。
塩ひとつまみ
沸湯に入れる
と真青水が。
ミリン㊀正油㊁
に梅肉をほど
よく和えてコトコトと。

恐る恐る行かされた、川べりのお不動さんを囲む木立も、綺麗サッパリ切りとられ、草いきれと藪蚊と蛇に悩まされた土手は、あっけらかんのウォーキングロードになっていた。

けれど、音も無く滔々《とうとう》と流れる広瀬川は昔の面影を残してくれていた。

――ままごとの飯もおさいも土筆《つくし》かな ―― 立子《たつこ》

山から吹き下ろしてくる風の冷たさが和らぐ頃、広瀬川の岸辺では、ぽっこり膨《ふく》らんだ猫柳の芽や、芹、よもぎなどの若草達がざわめき始める。すると土手の斜面ではポツラポツラ、と土筆《つくし》んぼうが背伸びし始める。

そんな春の日、社宅の裏木戸を押して、お隣りの若いママが小鉢を大切そうに持ってやって来た。

「これ召し上がってみて下さい。土手の土筆《つくし》です。今日は虚子忌なんです。おじいちゃまの好物でしたの。虚子忌にはいつも作ります」

若いママは俳人高浜虚子のお孫さんだった。立子とは虚子の娘の俳人星野立子氏だ。

土筆《つくし》のつくだ煮を好んだ虚子を偲んで遺族や子孫が、虚子の命日四月八日には土筆《つくし》を摘んでつくだ煮を作って故人を偲ぶのだという。

一口つまんで口に入れると、ほろ苦さと梅の甘酸っぱさの組み合わせが舌に新鮮で、思わず「まあ、何て乙な味でしょう！」と私は叫んだ。

それから毎春、土手や道を歩く度に私の眼はらんらんと土筆《つくし》の坊やを捜すのである。

〈その二〉雁月《がんづき》

庭付きの社宅を与えられて間もなく、私は犬を飼おう！と決心した。前の社宅はアパートで、ある日迷いこんできた犬に向って、あろうことか、私の子供達が石を投げつけたのをみてそう思った。

お母さんのおっぱいになかなかありつけない要領の悪い仔犬をもらって、ジョンと名付けた。

子供達と仔犬は同じように幼く、同じように純粋で、同じように元気いっぱいだった。

休みの朝は、ジョンを連れて一家揃って青葉城往復の散歩をした。近くの大橋を渡り、大手門の隅櫓《すみやぐら》を左折して城の坂道を上った。ハアハア息が切れる頃、伊達六十二万石のお殿様、独眼竜《どくがんりゅう》の騎馬像の下に辿り着く。それから仔犬も人間も城址の水飲み場で喉をうるおし、又くびすを返して石垣と木立の間を駆け下りてくるのだった。

実は、次なるお目当が待っていたからだ。それは、〝大橋茶屋〟の蒸しパン雁月《がんづき》であった。店先からいつも立ちのぼる白い湯気。お赤飯だろうかお饅頭《まんじゅう》だろうか？　いやいや名物蒸しパン雁月が蒸しあがっているに違いない‼

皆は元気いっぱい駆けて広瀬川を渡った。

大ぶりの茶色の三角形は、子供達が一口に頬ばるのは無理だった。黒ゴマがたっぷりと塗りこめられた、柔らかすぎもせず、固すぎもせず、黒糖の甘い香りの蒸しパンに子供達は食らいつく。そのそばでは、ジョンが精三杯のご愛嬌の尻尾を振ってお裾分けを待っていた。

――行ってみると、「大橋茶屋」は自動車修理工場へ変わっていた。建物のてっぺんの剥げたペンキの、かすかに茶屋と読める文字を残して。

そこから乗り込んだタクシーの中で、私は運転手に訊ねてみた。

「大橋茶屋って、ありましたよね」

「あ～、雁月ね。あれは名物だったサね。おやじさんは十数年も前に亡くなったっけ。

そこで仕込まれた職人が、今桜ヶ岡っつう郊外の町サ店出して、大橋茶屋のと全く同じ雁月を作っているとか。今から行ってみますか?」

さすがにその時間が無くて、私は想い出のもう一軒、西公園のこれも桜ヶ岡神宮脇の〝源吾《げんご》茶屋〟近くに車をとめてもらった。

〈その三〉黄昏《たそがれ》の〝焼き魚〟

仙台に転勤して行って先ず強く感じたことが、北海道での〝内地〟という表現だった。札幌では見ることが無かった、家の庭先の赤い柿の実、椿の藪《むぐら》の曲がり角、田ンぼの稲架等々、津軽海峡の向うでは見ることの出来なかった植物が、何とも内地の穏やかさ、であった。

東に、気仙沼、石巻、塩釜、名取と太平洋の豊かな港に面し、内陸には古来からの治水事業を果たした北上川、江合川、追川、貞山堀の恩恵を蒙った一大穀倉地帯を土台に、仙台は海の幸《さち》山の幸《さち》が、四季折々の彩り豊かな土地柄だった。

ふっくら大粒の牡蠣《かき》を筆頭に、一枚もののなめた鰈《かれい》の煮付や、潮の香りの強いほや。

初めて食べた秋刀魚の刺身。春の店先を賑わす地筍（孟宗竹は仙台にない）やこごみ、たらの芽、わらびの山菜。枝豆を潰して餡《あん》にした豆打《ずんだ》もち、秋の河原の芋煮会などおいしいものだらけだった。

その中で忘れられないのが、日暮れて走る魚屋さんの〝焼き魚〟だ。

家々の灯りがポツポツともる頃、私は子供達に〝焼き魚を買っておいで〟と指令する。

〝ワァーイ。サンマ？　アジ？　サバ？　イカ？〟

口々に訊いてくる。〝みんな、自分の好きなお魚ー〟と私。

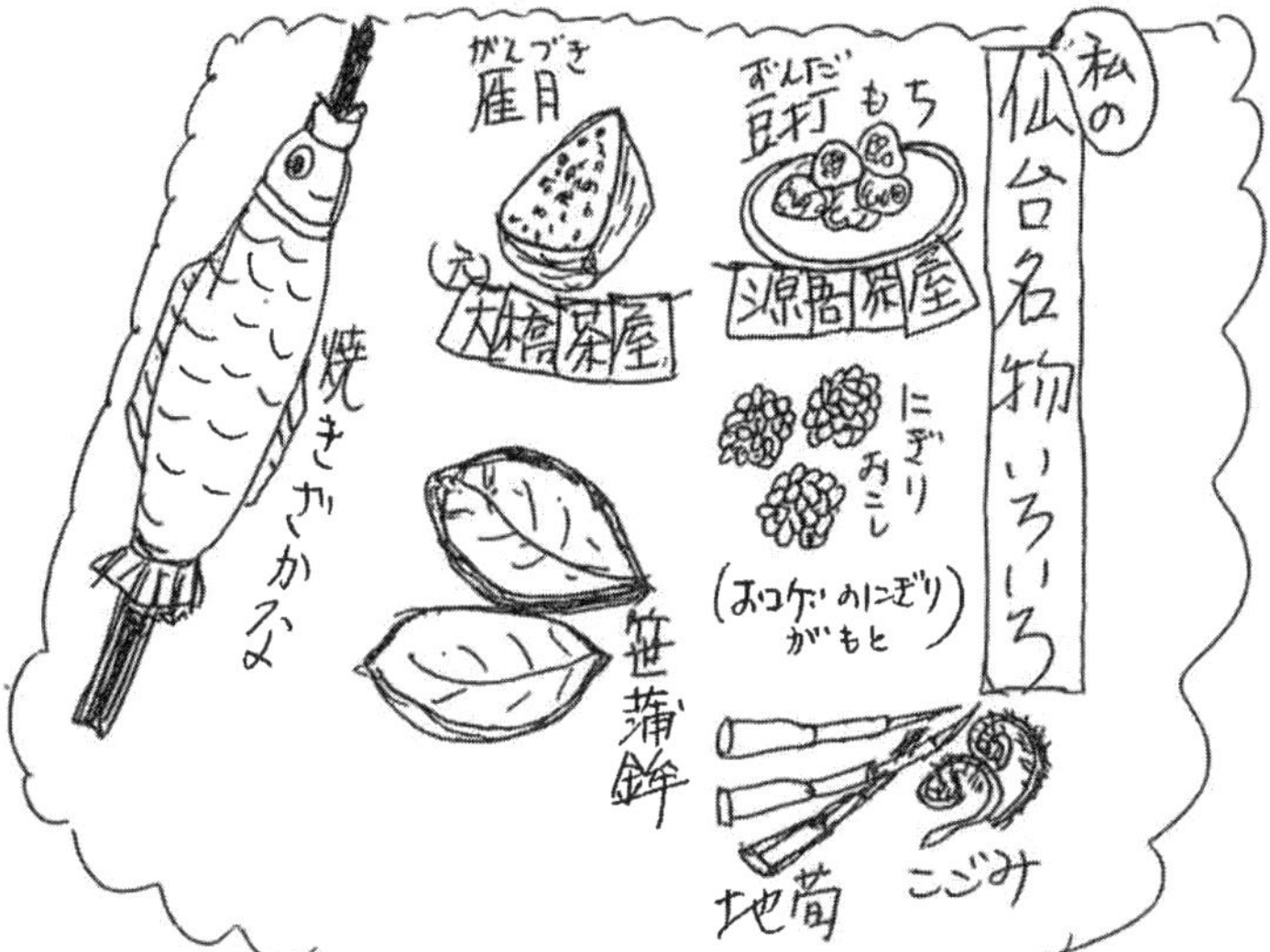
私の
仙台名物いろいろ
ずんだ
豆打もち
源吾茶屋
がんづき
雁月
大橋茶屋
にぎり
(おコゲのにぎり)
がもと
笹蒲鉾
焼きざかな
地筍
こごみ

姉と弟達は、いそいそと黄昏《たそがれ》の路地を駆けて行く(なんと安心な昔の街の夕暮れ！)。「魚吉」では、赤々と燃える火床に、太目の竹串にさしたいろいろな魚が、じりじりと脂をしたたらせ乍ら焼き上がりつつある。

〝私はアジね〟〝小母さん、僕はイカ。丸いイカね〟〝はいよ〟

お店の小母さんが竹串をくいっと抜きとって、一匹ずつくるくると新聞紙にくるんでくれる。そのホカホカの魚を持って、子供達はスキップをして帰ってくるのだった。

――「魚吉」は嬉しいことに健在だった。しかも昔の面影を残していた。店先のガラスに〝焼き魚あります〟との貼り紙まで昔と同じように。

〝四十年ほど前、良く買わせて頂いたビール会社の社宅に住んでいたものです。あの頃の火床はなんでしたかしら？〟

〝あの頃は、木炭でしたよ。楢《なら》ずみだったね。今は、こういうガスだけどね〟

郊外に引越していったけれど、今でも同じ味で売られているという雁月《がんづき》。全く変わらずに、台所に重宝がられている焼き魚。その頑固さは嬉しいものだ。

頑固さは、伝統文化の土台ではないかしら。

西公園の源吾茶屋は、〝固くなるのでお持ち帰りはお断わり〟と豆打《ずんだ》餅を決して持ち帰り用に売り出さない。立町の売茶翁《ばいさおう》も、今でも電話機を置かず、足を運んだお客さんにだけみちのくせんべいの予約をとるといった頑固さである。

〈その四〉笹蒲鉾《ささかま》談義

久しぶりにお邪魔した四十年来の親友のお茶の間の炬燵《こたつ》に足を入れ乍ら、「貧乏くさい話だけれど、仙台思い出のぐるめが焼き魚というのも…」と笑うと、友達は頭のまわりの速いたちで、「その日の売れ残りを焼いて売ることもあるし、新鮮なのを焼いて売る店もあるわよ」と交わす。

その話がきっかけで、石巻出身で生活全般に蘊蓄《うんちく》のあるご主人が仙北地方の笹蒲鉾にまつわる由来を話してくださった。

聞いていくうちに、これは凄いエコものがたり！と気づくのであった。

焼き魚の話も、「豊漁の時には炉端に串に刺して焼いた魚を軒に下げて、乾燥させてだしにするんです。それでもさばけなかったら甘露煮に作り変える、とこういうわけです」

「内海さん、鱈はお好きですか。焼き魚の話じゃないが、鱈ほど無駄がない魚はないですよ。この辺りではスケソウですがね。まず生身は料理、練りもの、干しものいろいろ。雌からはタラコ、雄からは肝油になる肝を取り、粗《アラ》とその他の臓物は二、三日煮つめて液体肥料にし、骨と皮も乾して粉にしてカリ肥料を作るんです。登米《とめ》地方の例えからすれば、水害の多かったこの地方では、とに角保存食の工夫として笹の葉に、何でもくるんだもんで、おにぎりも笹の葉で包む、米の無い時はうどん粉を練ったものを笹に包んで茹でる……それがスケソウが山ほど獲れた時も同じように魚のすり身をうどん粉で練って、笹の葉に包んで茹でたそうだから…。型も笹の葉に似てるから、笹蒲鉾と呼ばれるようになったかも知れないですね。ま、正確さには欠けるけど、そんな話です。元はといえばね」

なる程〳〵。ご主人の話の中の、興味深い北上川一帯の豊かな穀倉地帯でさえ。厳しい自然の猛威に晒《さら》されて、農民達は生きる工夫を重ねたのに違いない。

笹蒲鉾が保存食から美味な名物へと変身して行ったのと同じように、駄菓子なども庶民の暮らしから生まれて行ったもので…そういう品々が伝統文化を担《にな》っているのが、仙台流〝天晴《あっぱ》れ頑固《がんこ》〟〝成長する頑固《がんこ》〟と私には思えて仕方が無い。

青葉城の麓の博物館に展示されている、伊達六十二万石の壮大、流麗、秀逸な歴史と文化の流れに感嘆。天保、天明を代表する一大飢饉の惨状と、生き残る為の、藩をあげての創意工夫の跡を資料でみる時、政宗公ゆずり？の知力才覚がどの時代でも、この仙台には生きていたことを知らされる。その典型が、お上から庶民へ出されていた「飢を凌《しの》ぐ為の野草の食し方レシピ」だ。

つりがね草、たんぽぽ、浜防風《はまぼうふ》等を米に炊き込む法。藤の若葉や忍冬《すいかづら》の若葉のあく取り法。こごみ、栃の実、わらび、蓮根、葛はさておき、鳳仙花までも煮て食べなければ、生き残れなかった時代を過ぎて来た杜《もり》の都、なのである。

〈その五〉 日日是好日

三十路に入ると俄に身辺慌立しくなった。実家の母が転がり込むようにして我が家の一員となった。七・五・三の一姫二太郎と犬一匹。

山形県一県を担当する夫はいつも出張だった。家事もふえ、医者通いもふえ、母の世話も出てきた。でも輝ける三十代！（今から思えば）つらさ、苦しさを充ち溢れた身体と心が撥ねかえしてくれた。

未熟でも若さがあった。子どもを通して、お母さん達との友情が生まれ、今もなお四十数年来のつき合いである。

子どもが通ったキリスト教（バプテスト）の幼稚園の先生方とも四十数年の交わりを頂いた。孤独に泣いて私のところへ駆け込んだ母を連れて、幼稚園行事、小学校行事、家庭の行楽を楽しんだ。

りんご狩り、芋煮会、運動会。海水浴。

名取川河口閖上《ゆりあげ》浜の沙魚《ハゼ》釣りで、母は日傘の蔭で嬉しそうに〝女性セブン〟のグラビアを眺め、赤倉温泉のスキー場で、たわむれる孫の姿を、宿の窓から眺めていた。

夫は、休日には山形民謡のＬＰ版を買って来て、民謡の稽古に余念が無かった。出張先での宴会に必須の〝営業〟材料であった。「花笠音頭」など序の口で、「最上川舟歌」はやさしいもの。本命は「大黒舞《だいこくまい》」という民謡だった。若干三十代半ばでよくぞ年寄りくさい民謡を、と私は思い、民謡の稽古が始まると、子ども達は〝パパ、こんどの出張のおみやげはサクランボだよ！　ね！〟と念を押すのだった。

給料日には、肉屋で久しぶりの仙台牛を切ってもらい、白松ヶ最中の〝黒ゴマ餡〟に舌なめずりをし、ふところ淋しい頃は、ジョンにも味晴汁かけのご飯を与え、買い置きの葛粉で〝わらび餅〟を作った。

どえりゃあー旨《うみ》ゃあーもの…だにい

〈その一〉鯱《しゃちほこ》は生きている

まずは偉大なる大都会名古屋にご挨拶。

〝名古屋だがねえ。東京、大阪には負けみゃーが〟

わずか三年半の転勤先の暮らしだったが、全てに強烈なパワーを感じ、まるで弾《はじ》き飛ばされるような気の抜けない名古屋の日々であった。

ご多分にもれず、ぐるめに

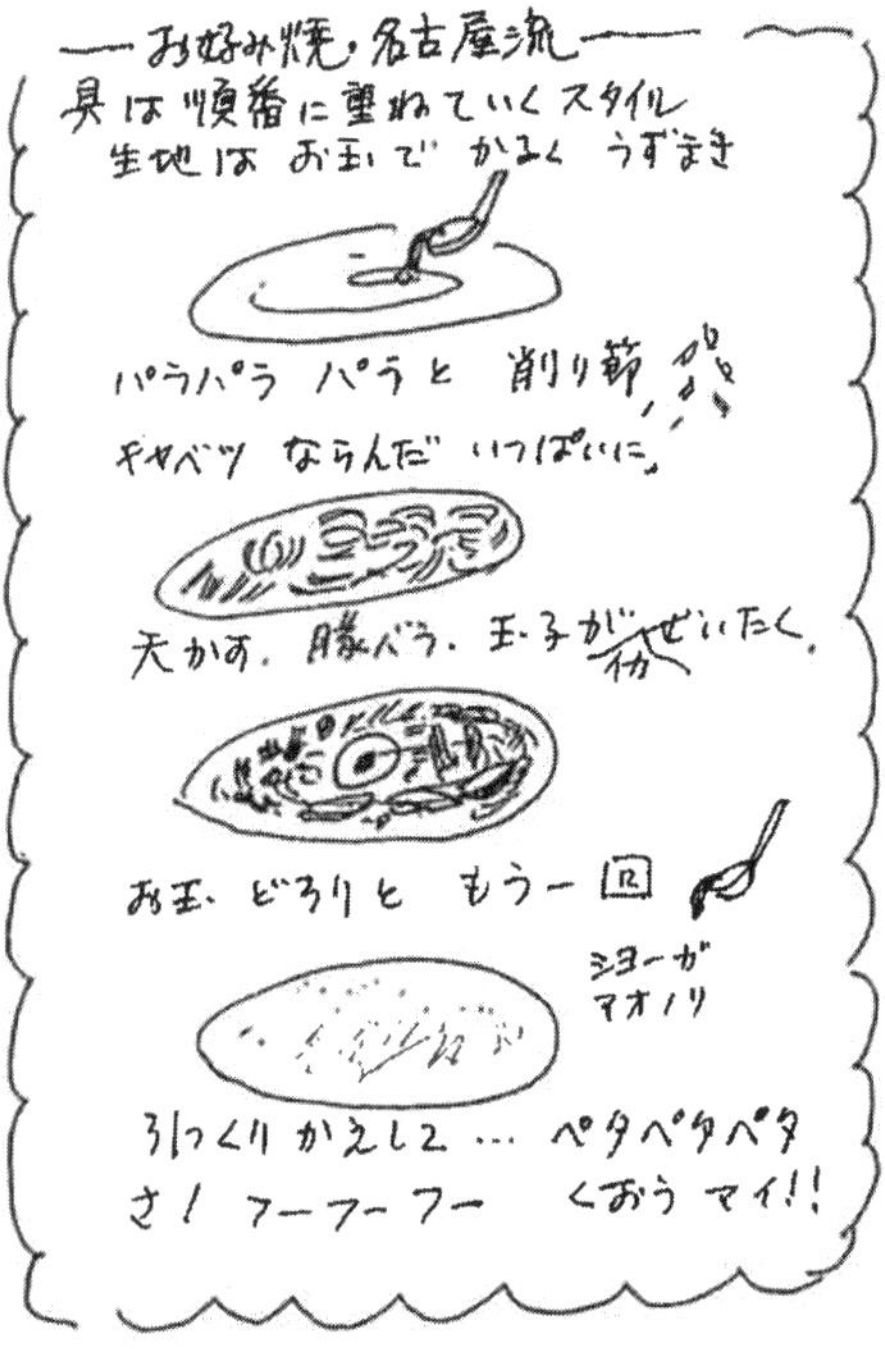
―お好み焼・名古屋流―
具は順番に重ねていくスタイル
生地はお玉でかるく うずまき
パラパラ パラと 削り節
キャベツ ならんだ いっぱいに。
天かす. 豚バラ. 玉子が ぜいたく.
お玉. どろりと もう一回
ショーガ
アオノリ
引っくりかえして… ペタペタペタ
さ! フーフーフー くおう マイ!!

関してもこれまでの暮らしからは想像もつかない食べ物の数々。それらの、ダイナミックなうまさの存在感は〝どえりゃー〟〝尾張名古屋城の金の鯱《シャチホコ》〟になぞらえたくなるのである。

東海道の要衝《ようしょう》として、徳川家康が四百年前に築いた名古屋城の天守閣の大屋根で、悠然《ゆうぜん》と輝く金の鯱は、勢いよく撥《は》ねあがる尾の高さが二・六メートルもあって、ビル群が立ち並ぶとは云え、その金ピカピカは、矢張り名古屋という個性溢れる街のシンボルでショウ！

同じように、長い伝統に支えられ、いまでも人々の舌を満足させている、生きた鯱《シャチホコ》を私的独善流でご紹介したい。

『ライス付き味噌煮込みうどん』（山本屋《みせのなまえ》・他）

ぐつぐつと煮立っている一人前の土鍋の中で、ザク切葱とリッチなかしわ肉やカマボコが湯気を立て、まん真中にポトン！と落ちた生卵の白身が色づくのをじっと待つ。

こしのある、まあるく太いうどんを小皿に分け、蓮華《れんげ》にすくった汁を一口ススゝゝ（啜る）。

まあ、なんて豊かな赤味噌の香り！　三河産の八丁味噌でなければ、この旨さは出ないだろう。幼い頃から、転々とあちこち移り住んだ私のさもない舌にも、いろいろな味噌の味の記憶がある。信州の米味噌、九州の麦味噌、京都の白味噌、北海道、仙台の味噌等、各々特徴があるが、八丁味噌ほど個性の強い味噌は他に類がない。

札幌の社宅住まいの頃、お隣が名古屋からの転勤者で、〝お味噌だけはねぇ〟と、まあ雪の日でさえ、味噌瓶《ミソガメ》が空になると丸井さん（札幌のデパート）に八丁味噌だけを買いに走っていた事を想い出し、成程納得〳〵とうなづける旨さ、である。

この味噌煮込うどんを御菜《おかず》に、白いご飯を食べている人がいるのには、もっと驚きだった。〝ライス付けますかあ？〟と当たり前のように注文を取る店員。（やだわ、そんなあ。うどんをおかずにごはんを食べる？　共食いみたい）と内心小馬鹿にしながら、囲りを観察すると、働き盛りの男の人たちばかりでなく、買い物がてらの小母さんだって、さもさもおいしそうに、うどんとライスを替わるがわる口に運んでいる。

真似して試して、私は唸った。

「めっちゃ、うまい！」。味噌煮込みの出しの味加減と、ほの甘い米の旨さが絶妙なのであった。

あれから数十年、最近では全国どこのそば屋でも、半ライスとか大盛りとか、ご飯を添えるけれど、元祖は名古屋。今でも私は山本屋総本家の暖簾《のれん》をくぐって、〝味噌煮込みライス付き！〟と名古屋まで新幹線に乗って、うどんを啜りに行きたい衝動に駆られることがある。


『ひつまぶしはひまつぶし？』（いば昇《しょう》・みせのなまえ）

いば昇に一度だけうなぎを食べに行った。世にいう〝櫃《ひつ》まぶし〟である。

落ち着きのある日本家屋のお座敷は立て込んで、その盛況ぶりに驚いた。

丸型のお櫃《ひつ》の木の手触《ざわ》りが、中身のたっぷりしたご馳走を、嬉しく伝えてくれた。

そもそもが、我が家ではうなぎの蒲焼きはお客様、お祝いごと、食欲乏しい病床、等の特別日にお目にかかった別格メニューで、私はそんな食膳では、お重に並んだ蒲焼にそっと山椒を振り、愛《いと》おしげにくずさぬように箸で持ちあげて、皮の焼け具合を確かめるのを儀式としていた。

ところが！　お櫃《ひつ》の中には細かく刻まれたうなぎが、隙間《すきま》なく並べられ、たっぷりとタレが掛かっていた。

そしてその食べ方の八十日目《やっとかめ》！（珍しさよと訳したいのです）

お櫃のうなぎご飯を茶碗に少しずつ盛り分けて、何通りかの食べ方を愉《たの》しむのだ。一膳目はそのままで、うなぎの出来栄えを確かめ、二膳目は、ネギやノリ、おろし大根などの薬味でトッピング。三膳目はワサビを載せて熱い煎茶をかけてサササーと流し込む。煎茶の代わりに店自慢の出しでかき込むのもある。

ひとつの食材を何通りかの食べ方で愉しむとは。櫃《ひつ》まぶしではなく、ひまつぶし？…食道楽の逸品ではないでしょうか。

そしてこの一椀にかける陰の立役者が、吟味された新鮮な地物のうなぎ。それをカリっと焼きあげてくれる紀州備長炭。そして名古屋独特のたまり醤油をベースにした店秘伝のタレだ。

明治時代から営々と続く五代目が現在の店主で、この献立は三代目が考案したということだ。

手間ひまかけて作り、手間ひまかけて味わい食べる、ひまつぶし、おっと櫃まぶし。名古屋の生きた鯱《しゃちほこ》のひとつでしょうね。

『守口漬』（大和屋守口漬《みせのなまえ》）

容器の中でとぐろを巻いている粕漬大根守口漬けも、他の土地では見られない個性溢れる一品ではないだろうか？　直径二㎝ほどの細い大根なのに、一八〇㎝もの長さがある。一体土の中でどのように地下茎を伸ばしているのだろう？

産地の扶桑町というところへ一度訪ねてみたい！と好奇心の固まりの私は、名古屋時代ずうっとそう想っていたんだがネ……。

小口斜め切りにしたこの漬物を一切れ、口に入れてみるとサクっと柔らかく、酒粕の甘さがボワーンと口の中に広がって行く。

おいしいナァ。ご飯でなく、お茶受けにも持って来いーである。あの鼈甲色《べっこういろ》になるまでには、三年も掛かる、という。その息の長さに脱帽。

ここまで書いてきて、アレ？　私宣伝料を当《あて》に書いているのかしらん。なんだか、郷土銘産品コーナーのひとくち・エッセイも書かせてもらっているようでもある。金の鯱《しゃちほこ》はまだ続く。

『青柳ういろう』（青柳）

娘の大好物で、それも一番素朴なピンクか白。「スアマ」に似た、どうってことない素直さが、今でも消えない人気を保っていますね。

『きしめん』（吉田・住よし他《みせのなまえ》）

噛みごたえ充分のこってり味噌煮込うどんに魂を奪われていると、今度はあっさり、さっぱりするきしめん。名古屋の食材の豊富さには、目が廻る。

語源がふるっていて、元々は麺ではなく水団《すいとん》のようなものだったらしい。小麦粉を捏《こ》ねて薄くのしたものを、竹筒で型抜きをしたら、碁石のように丸く平べったい団子みたいな水団《すいとん》の材料ができ上がった。碁石《ごいし》めんである。それがいつの間にか碁子《きし》めんと呼び名が変わり、あげくはひらべったい、ひも川うどんのように形も変わったということらしい。どのお店もこれ又創業百年の伝統があるのが、生きた鯱《しゃちほこ》ですね。

どのお店のきしめんにも、ふわーっと花かつを（さば削りも）が必ず撒《ま》かれ、刻みネギに薄切りの紅白カマボコが一、二切れ。小腹が空いた時や、列車乗車前の急ぎの腹拵《ごしら》えに、今でも、人気者らしい。

〈その二〉日吉丸の懐草鞋《ふところわらじ》もあるでよー

〝我が殿のおみ足に温かき草鞋《わらじ》を?〟

うーん。この発想ですね。誰が思いつきますか、こんな発想。その内に秘めたる〝相手の懐《ふところ》深く入り込め!〟の野望あらばこそ!

野望のエネルギーからあらゆる発想が発信される。一介の百姓の小倅《こせがれ》の日吉丸は、出世して一城の主《あるじ》木下藤吉郎となり、関白秀吉からついには、日本国の太閤となった。

名古屋から二人のノーベル化学賞受賞者が誕生した。

小林先生、益川先生ともに名古屋出身で、「自由に、出来ることを一生懸命追い求めて行った結果!」と仰言っていたが、この先生方も、出世日吉丸だナァ……と私は自分流に名古屋人気質DNA論をあげつらっている。

さて、この日吉丸草鞋《わらじ》談義は、ぐるめ界でも十分語り尽くしたい。勿論独善的私家版です。

『寿《す》がき屋ラーメン』(寿《す》がき家)

社宅は、名古屋の下町繁華街今池の一郭にあった。ゴチャゴチャと飲食街も立ち並び、飼《か》い犬ジョンの散歩する公園は、前夜の酔っ払いのコマモノや、垂れ流し小便が匂ったりするかなりどぎつい〝名古屋だで〟イカンワ。

けれどそのお陰で、我が一家はボーナス晩餐に、大きな電動仕掛けの鋏が〝おい出おい出〟をしている〝蟹道楽〟なる、蟹づくしの館の梯子段を上ることが出来、サッポロビール浩養園のじんぎす汗食べ放題、生ビール飲み放題、の恩恵にも浴することが出来た。それらはいずれも三分〜七、八分で歩いて到着出来た。

そこで、我が家のぐるめ感覚、いや懐具合が嵌《はま》ったのが、「寿がき屋ラーメン」である。

目と鼻の先の今池ユニーの二階にあった、寿がき屋に、日曜の昼に出掛けるのが子供達の大きな喜びであった。ユニーのビルの入口で、鎖につなげられて一刻を過ごさなければならないジョンには災難であったが。

さて、このラーメンの特徴はというと、白濁のトロリとしたスープと柔らかいチャーシュー。その味が一風変わっている!という事だった。

初めて口にした時、何ともいえぬ生臭さが鼻を突いた。〝何？　これ？〟けちをつけつつ二口目。〝あらら、おいしい！〟生臭さがまったりとした旨味の一部だったことに気がつく。寿がき屋ラーメンの他に例を見ないスープのベースは、トンコツと、何と出しじゃこだったのです。

味噌汁にじゃこを使っている家の人ならば、その風味が容易に想像できるのではないか？

外来物のまんまのラーメンスープではなく、日本味を加えてみた寿がき屋の店主も又、日吉丸型アイデアマンですね。

おまけに、その値段は現在でも三九〇円～と安く、おまけのように併売されているソフトクリームが又おいしく、凡凡たる我が家一同、大変幸せでありました。

〈味噌の行方〉

八丁味噌の名古屋ぐるめに及ぼす影響はほんとうに大きい。

岡崎市にあるカクキュー《みせのなまえ》八丁味噌は、純粋な国産大豆を、一番古いもので天保年間から存在する木桶を使って二夏二冬を蔵の中で熟成させたものだそうだ。一つの桶に六トンもの味噌が入る。味噌汁にすると約三十万人ぶんもの量である。熟成されたある種の酸味が、この味噌の命で、くせが強いくせに他のどんな食材をも支える特徴を持っているのだと思う。

『土手《どて》・スジ』

実は私は食べたことがない。ただ、耳にタコが出来る程、スジの旨さを聞いたのである。

アルバイト先の結婚式場の上司は、まだ若い大学卒業したての青年だった。社長の縁故かなんだったか忘れたが、入社間もなく課長になり、チョイチョイ酒の残り香を朝の事務所に運んできた。

その彼が「スジで一杯のんだ。あの店のスジは旨みゃあ！」というので、「スジって何ですか？」と訊ねたら、「牛の脛だがね」「そんな固い肉を名古屋では食べるんですか？」「土手《どて》にしてなも」「土手？　土手って何ですか？」「東京もんには分かるみゃーよ。牛の脛をとろとろ煮ると、くにゃくにゃと柔らかくなるで。ま、膠《にかわ》みたいにな。それに八丁味噌を砂糖や味醂などで溶く。それでもって鍋のへりに土手《どて》を作って味付けするわけ。うみゃーもん第一位だにぃ」こういうぐるめは、げてもの食いとはいわないのだろうか。いやいやスジこそ出世日吉丸の真骨頂。固い牛のスネなぞを、よくぞチョウウマに変身させたものだと感心するのみ。

八丁味噌と赤味噌の活躍は止《とど》まるところを知らない。

『味噌カツ』（矢場とんは創業六十年）名古屋でカツレツを食べようと思えば『味噌カツ』になってしまう。

八丁味ソが無いときの
味噌カツのタレ うつみ風ー
赤ミソ＋三温糖少々＋スリゴマ少々＋ケチャップ
それに市販の中濃ソースを かくし味に。

自由の発想〝ぐるめ出世日吉丸〟はまだ続く。

『天むす』（千春《みせのなまえ》）は小エビの天プラを海苔で巻いたお結びの上にチョコっと載せる。

『アンスパ』（横井《みせのなまえ》）太めのスパゲティーに、野菜をたっぷり入れたあんかけソースがドバーっと掛かっているスパゲッティー…とはこれ又びっくり。何でもありーですね。しかも昭和三十四年頃から売りだされていたとか。

〈その三〉子どもの街角

「母上へ

おたずねの駄菓子屋は、今池町の社宅から大久手方面に入った路地にありました。古い木造で、入ると駄菓子の山と、おもちゃ、アイスクリームのケース、コーラ・ジュースのケース、向かって左側にコタツぐらいの大きさで、しっかりした黒い鉄板の台があり、そこに坐わって、オジサンが焼いてくれた焼きたてのお好み焼きを、へいらで、ピザのように切りながらフーフーして食べました。肉（豚バラ）・イカ・卵の三種類だったと思います。

値段は、一枚五十円。寿がき屋ラーメンが二百五十円位だったので、本当に安くておトクという実感がありました。

（…なる程、それでお母さん百円、百円って手を出したんだナ？　ハハハ……）

オジサンは、子どもの僕達を、一人前のお客として遇してくれるので、得意になりました。店のまどから、午後の陽差し、どんよりと射していたのが、印象的でした。

なお、この店は、渡辺内科のナベシン君が教えてくれて、勝彦や、勝の友だちとも連れ立っていったと思います。

宏明より」


夜も更けて、そろそろ床に就くころ、チャルメラの笛の音が通りすぎる。

ピピピーピピ、ピピピピピ、ピー。

〝あ、夜鳴きそばだ！〟

子ども達の目がランランとふとんの中から私に強い光りを発信してくる。

〝んじゃ二人前ぐらい？　ね？〟

元気な二人だから、ガバとふとんを撥ねのけ、運動靴をつっかけて、ジャンパーも着ずに表へ飛び出す。

そうっと、こぼさぬように、しずしずと、二杯の夜鳴きそばを持ち帰り、みんなで半分っこ。すると眠っていた筈の老いた母ももそもそと、にじり寄ってくるのだった。

冬は、近くの神社の左義長の輪くぐりが初めての経験で、仙台時代の大崎八幡のどんど焼きと同じように、〝りんごあめ〟なんかが、懐かしかった。

「今池裏の〝白蓮〟（中華料理）覚王山の〝梅花堂の鬼まんじゅう〟不老園の〝味噌松風〟田代本通りの〝ブレーメンのパン〟もあるよ」と電話口で二男がいった。

強烈でパワフルな、ぐるめの数々。食は人なり…とあれば、名古屋は〝どえりゃあもんだなも〟

ふるさと まとめて…

〈カツノリくんの弁当〉

終戦をはさんで疎開していた父のふるさと天草の、小学校時代のともだちから久しぶりにクラス会の通知が来た。

場所は、北九州門司区の国民宿舎「和布刈《めかり》荘」、集合は小倉駅中央コンコースとあった。クラス会の会場が天草ではなく北九州なのが不思議に思えたが、発起人と幹事達の住所が、北九州市若松、と福岡市だったので、納得した。

「和布刈《めかり》荘」の名前で、すぐに私の好きな松本清張の〝時間の習俗〟を思いだした。この推理小説の話の発端が、関門海峡を走る早鞆《はやとも》の瀬に面した和布刈《めかり》神社の神事であった。数年前に完成した松本清張文学館が小倉城郭にあるということもあって、〝思い切って出席しようかなあ〟と考え始めたある夜、電話が入った。

「よしちゃんですか？　わしは発起人の梅谷《うめたに》です」

少し匕首《どす》の利いた、余り若くはないくぐもったその声に――あ、あのイタズラ坊主のカツノリだ！――と、ピンときた。

「遠路バッテンな。是非来て下さい。待っとるで。ええと、そるで旅費の無からんば、こちらで何とでもするでな」

「旅費？　あー、いえいえ。そのご心配は無用。日程が何とかなればね。わざわざ電話まで頂いて。有難う。考えてみますから」

というわけで、和布刈《めかり》と清張と、カツノリくんの引力で、北九州への一人旅となった。

その日、指定された小倉駅の中央コンコースで、みんなは待っていてくれた。思い思いの晴れ着の中から、昔懐かしい面影が顔を出していた。流行のベストに赤い靴は、いつも背中に赤ン坊を背負っていた糸江さん。ロングスカートにヴィトンのバッグの光るのが、波上場でズロース一枚で日がな一日、飛びこんだりもぐったりした遊び仲間の千代㐂さん。級長で、疎開もんの私をイジメから守ってくれた千《ち》ぃちゃんは、「少し色ば抜きすぎたかも知れん！」とメッシュの前髪をしきりにいじっている。泣き虫だけど勉強がよく出来た重行くんは流石に、高価そうなデジカメを覗きこんでいる。これがかつての、鼻汁でピカピカの袖口の学童服や、シラミ頭の村のガキどもか！

五十五年前、村の小学校を卒業した昭和九年生まれは六十名を超えていたが、今回ここに集うて来たのは総勢十七名。関西方面から参加の八名と地元九州六名とふるさと天草からは夫婦一組だけで、残りが遠距離参加横浜のよしちゃん、つまり私であった。

「金を送るから是非参加して」と電話をよこしたカツノリくんの挨拶と乾杯で、宴会が始まった。

幹事の絹ちゃんが「天草ン干し蛸もあるよ」と、おつまみを配ってくる。甘い干し蛸のひなたの匂いが、村の午下りの潮の引いた磯の香を想い出させてくれる。

宴席が賑わい始めると、カツノリくんが男たちのテーブルからふぐ刺の皿を何枚もカッパラってきて、私の前に並べた。

「よしちゃん、よう来てくれたな。どんどん食うて下さい」

ふぐ刺の次には、デザートのメロンの皿をカッパラって来て並べる。

みると当人の眼が段々とすわってくるのでいささかこわくなって、ヨシと声をかけた。

「こぎゃんサービスは、もうもうこれまで。ご親切にどうも。ハハハ。でも幼かった頃のカツノリくんは、おっそろしか坊主やったね。ようく、私ンことば棒切れや、死んだ蛇ば振りまわして追っかけて来よったと」

カツノリくんは、ただ笑っている。脇からおみきの大分入った定貴《さだき》さんが割り込む。

「そりゃよしちゃん。カツノリはな、よしちゃんが好きやったとばい！」

「そうかなあ？　私の記憶の中のカツノリくんの眼差《まなざ》しに、そんな光は無かったと。きつくにらまれ、身震いする程、私は怖ろしかったばい」

すると、カツノリくんはニヤっと笑った。そして、思いがけない言葉を吐いたのである。

「よしちゃんとこの旦那さん（かつて村長もした私の伯父）は恐ろしか人だったな。あんたんとこの屋敷には、みかんや桜桃《さくらんぼ》、枇杷《びわ》やらザボンに梨。うまか果《くだ》もんのよんにゅ（沢山）生《な》っとった。わしがナ、ちょこっと一個取って喰わしてもらおうと思うてナ、庭さん（へ）忍び込めばもう見とがめてナ、棒ば持って〈こりゃあ、悪ガキめ、何ばすっとか〉いっちゅうて、ワシば追い拂わしたばい。ハハハ」

それから、じっと私を見つめてからフウと酒臭い息を吐いて、

「ようこらした。よう来てくれた。どんどん食うて下さい」

と又、男性のテーブルからあれこれ皿をカッパラってきて並べた。

幼い頃と同じように、リーダーの千《ちぃ》ちゃんが男達に声をかけた。

「ちょっと。カツノリくんは大分出来上っとるよ。みんなで部屋へ連れてって寝かせてくれんかなあ」

カラオケが始まると、早速あきら氏が、〝無法松の一生〟を熱唱する。中学を卒業したあきら氏は故郷を出て、鉄鋼業のメッカであったこの北九州で生きて来た。長い年月をすごした北九州で、祇園太鼓の響きも又、彼の人生とともにあったのだろう。やんやの拍手にあきら氏は「わしはナ。こんごろは老人会の慰労会の華なんじゃ」とご機嫌で、力強くマイクを握りなおした。

大阪から参加の、艶っぽい千代㐂さんの〝天城越え〟のド迫力に、〝やっぱりね。一日中海の中にいてもケロっとしてたもんね〟と懐かしく納得。それでは、とよしちゃんも肥後《ひご》もっこすのＤＮＡが騒ぎ出し、マイク握って、水前寺清子の〝一本独《いっぽんどっ》

鈷《こ》〟を歌う羽目となる。

それに、今夜はどうしても歌わなければ収まらない古い歌があった。〝目ン無い千《ち》鳥《どり》〟と〝流転《るてん》〟である。

「洋子ちゃん、小学生のとき、お話会で洋子ちゃんが歌った〝目ン無い千鳥〟をいっしょに歌おうよ」

私はおしんこをつまんでいる洋子ちゃんに声をかけた。


ガラスさえ満足に嵌《はま》っていない校舎の窓越しに、その日は珍しく天草の村にも、雪がちらついていた。

墨で塗りたくった教科書をいじるのにも嫌気がさしてたのか、先生は「娯楽会をひらきましょう。お話でも、歌でも、手品でも、好きなことを順番にやってみましょうね」といった。

すると、大連から引き揚げて来たばかりの洋子ちゃんが、洗い古しでカチカチに目の詰まったトックリセーターの首を、微動だにせず、直立不動で、歌い出したのだ。

〝目《め》ー《ぇ》ン無いー、千鳥《ちどり》のー高島田《たかしーまーだ》あー。曇《く》ーもーる、今夜《こよい》のー金《きん》ー屏風《びょうぶ》ー。見《み》いーえ

ぬ鏡《かが》ーみーにー、いたーわーしーやー〃

私はびっくりした。つい半年前まで東京っ子だった私にはこういう歌を聴く抽出しが無かったからだ。

ドリゴの〃セレナーデ〃やシューベルトの〃野ばら〃の世界から、流行歌の世界へ私を導いてくれたのが、あの日の洋子ちゃんの透き通った美しい〃目《め》ン無い千鳥《ちどり》〃であった。

「そぎゃんでしたっけ？　よし子さんの記憶力にはかなわんな」

それでも、洋子ちゃんは私と一緒にマイクを握ってくれた。初めは遠慮がちに、でも段々と張りあげていくその声は、矢張り昔と同じように、美しく透き通った洋子ちゃんの声だった。

「流転《るてん》」を歌わずに、私のふるさと天草は存在しない。

上原敏《うえはらびん》という昭和のはじめのテナー流行歌手が朗々と歌った、藤田まさとと阿部武雄のコンビで生まれた「流転《るてん》」を、私は今でも不朽の名演歌だと信じている。

そして、天草のともだちの中でこそ、アルコールの勢いも加わって、よしちゃんの独壇場となるのである。

千《ちい》ちゃんと千代㐂《ちよき》さんが、手拭いを三角に折ってヒョイと頭に乗せ、肩に三味線を担ぐしぐさで、私の歌の道連れとなった。

〝男いのちーを、三《み》すじの糸《いーとー》に、賭《かー》けてー三七、賽《さい》の目《めー》くーずーれー〟

疎開者《もん》で、始めはカツノリくんのような男の子に追いかけられいじめられていたよしちゃんも、学校の校庭で青年団のお姉さん達が、三味線流しの格好で、この「流《る》転《てん》」を踊る秋祭りの頃にはいっぱしの女悪がきとなって、暗い夜の田ンぼ道をわら草履で走り抜けるようになっていた。

その秋祭りの夜、私は一人ぼっちで校庭の遊動円木にまたがってこの「流転」の踊りを見た。

その頃、私はひとりぼっちで暮らしていた。母は、胸を病んで入院している兄の看病で熊本市の旧陸軍病院へ。父は東京の軍需工場の跡始末に。姉は島の町立女学校へ。広い屋敷の十畳の座敷の片隅に一人分の布団を敷き、土間でご飯を炊いた。裏の座敷に伯父夫婦はいたが、どうしてか、私は伯父夫婦の食卓に呼ばれた想い出が無い。

〝どうせ一度は、あの世とやーらーへー。落ちてー流れーて、行く身じゃーないかあ。

啼くナ、夜明けーの、啼くナ夜明けーの、渡り鳥ー〟

本当は、あの夜、多分千《ちい》ちゃんも千代㐂《ちよき》さんも、仲良し連中は近くにたむろしていたに違いない。けれど、私は、ひとりぼっちだった。

私は――なあーんだ！　――と思った。

人って、ひとりぼっちなんだって。それからいつかきっと、死んで行くんだ‼

〝啼くナ夜明けの、〳〵渡り鳥〟

――そう、泣いちゃいけないんだよね。泣いちゃいけない。ひとりぼっちでいることを――。

「流転」のふしぎな歌の文句と、うらがなしいメロディーが、私にそう教えてくれたのである。

マイクを握りなおして、私は三番を歌いあげた。心の中で皆に語りかけながら…。

――今日、ここに集まれて良かったたね。みんな、これ迄の人生幸せだった？　そんな事は無いよね。貧乏な島の二番目三番目に生まれたあなた達が、今日まで何の苦労も無しに生きて来た筈はないよね――。

和布刈《めかり》荘に集った友の中には、小学校四年で終えた友もいる。小学校六年で終えた友もいる。中学校卒業後、金の卵ともてはやされてこの北九州工業地帯や、関西工業地帯へ集団就職した友だちも、いろいろな波にもまれ乍ら、戦後の日本の経済を多分底辺で体を張って支えて来たことだろう。

明るい宴席の賑わいの中で、私の胸はいっぱいになった。

翌朝、食事をとろうと部屋を出ると、廊下にカツノリくんが人待ち顔に待っていた。

「よしちゃん、ちょっと」

という。何かと立ち止まると、小さくたたんだ万円札を私の手に握らせようとした。

「何で？　こぎゃんこと？」

とちょっと腹が立って、押し返すと、

「よう来てくれたでナ。せめて片道分だけでも受け取ってナ。わしが発起人じゃったんでナ」

と力が入った。

「お金なんか…頂けませんヨ。カツノリくん」

「わしはこれでも社長ばしとるでな。金は仰山ある。な。気にせんと、取ってな」

困惑する私に、脇から千ちゃんが小声でいった。

「カツノリは、昔から言い出したら聞かん！ 受けとっとき。あとから好物の焼酎でも送ればよかろうたい」

「社長さん！ じゃ有難く頂きます。で、カツノリくんは、何ば経営しとらすと？」

「わしはな。こぎゃん、体もこまかし学問も無か。ばってん、漁師の伜じゃろ。船には上手に乗ると。こん関門海峡に出入りする大型船の水先案内人を乗せる船の船長じゃ。一回の入港で何十万と収入があるんじゃ。それが月に最低五隻は入る。まあ、バブルがはじけた今は、大分少のうなっとるがな」

「カツノリくん、立派なもんやな」

子育てしながら、保育園の給食の小母さんで家計を補って来たという千ちゃんも、溜息をついた。ここは、発起人たるカツノリ社長の面子《めんつ》を潰すことは出来ない。私は万円札を受けとった。

レトロ駅として売り出し中のＪＲ門司駅から、私は一足先に帰宅の途についた。改札口迄見送ってくれた幹事の絹ちゃんが、「よし子さん、次は七十才!! ふるさと天草でゆっくり会いましょうね」と土産の博多人形を渡してくれ乍らいった。

「あれ？　カツノリくんがおらんよ？」

ベルが鳴って、改札口で皆と慌立しく握手をしているところへ、カツノリくんが息せききって走って来た。手に袋を提げている。

「特製弁当！　くうて下さい」

袋の中はホカホカと温い二段弁当だった。

旅行鞄を肩に、右手にカツノリくんからもらった弁当、左手に絹ちゃんからの博多人形をぶら下げて、列車に飛び乗ると、間なしに列車は辷り出した。

手を振ってくれる友達の姿はすぐに消え、私は、空いた座席に腰をおろして、深く息を吐いた。

すると口から、歌がこぼれ出て来た。

〝ふるさとまとめて、花いちもんめ…〟

この一皿の《口福》を

〈その一〉マイ・レシピ・ア・ラ・カルト

月並みで、雑ぱくなレシピばかりです。

ただ、手塩にかけて作った、マイ・レシピです。

スパイスは、「食べてもらえて嬉しいコショウ」でしょうか。

コーン・スープ

日曜日の夕方、M君が婚約者のR子さんをスクーターの後に乗せてやってきた。

R子さんは二十才の若さの、疑い知らぬピュアな歓声をあげて、スプーンを口に運んだ。

〝まあーオイシイ。これは何というスープなんですかあ？　どうやって拵《こしら》えるのですかあ？　教えて下さい、教えて下さい〟

その宵の私のおもてなしは、コーン・スープと手作りサンドイッチ。デザートは蒸しカスタードプリンだつた。全部手作りだった。

幾星霜《いくせいそう》が過ぎて、彼女は自らポ・ト・フの鍋を持つ料理上手なマダムになっている。

【レシピ】

①鶏ガラから採ったスープをガーゼで漉す（固型スープのない時代だった。今は、鶏ガラの方が手に入りにくいのだけれど）。

②トウモロコシ粒缶（これも一種類だけしかなかった）か、茹でたトウモロコシの実（一、二粒口に放りこみながら一粒一粒むき取ったもの）を目の細かい笊にあけて、おしゃもじで丁寧に漉す。

丁寧に、無心になって、漉されて出てくるトウモロコンのどゝろどゝろが、受け皿にたまるまで、手をとめない。

③ブルマニエには、慎重に気を配る。

忍耐強い玉葱炒め、焦がさぬように透き通り、熱が冷めたらやわらかく小麦粉に馴染ませてあげられれば、スープは成功。

④生クリームなど、安月給では買おうという志もなく、雪印牛乳のビン一本を奢った。
★おたまでゆっくりトローリと掻き廻すとスープは、段々クリーム状になりながら、甘いコーンの香りを立てる。仕上げは塩・コショウを適当に。
七十年前のスープには、「時間というスープの素」がありました。

揚げ出しどうふ

風が涼しく感じられる緑の季節には、茹でたソラ豆や、鰹のたたきがおいしいが、私は揚げ出しどうふが食べたくなる。

ある宵、木戸つながりの社宅の隣人から碁の手ほどきがてら一献!と誘われた夫の手に、つくりたての揚げ出しどうふの小鉢の盆を預けた。

間もなく、木戸があいて、

「ママあ、流石ぁ、乙なお料理作られるねえ。江戸前のお味ですって、主人が喜んでいますよう!」と元気な声が飛び込んで来た。

いつの間にか三児の親となった、いつかのコーン・スープのM氏夫妻である。

【レシピ】

①木綿豆腐は、一丁を八個の奴《やっこ》に切り分けて、水気をとる。長葱の千切りと生姜のすりおろし。鰹と昆布の出し汁は、天つゆより濃い目に。味醂の甘味は避けたいです。

②さて、これからが、サ、ササと手早い段取りで、食卓へ乗せる技《わざ》がいりますね。揚げ油はサラダとゴマのブレンド。一八〇度より熱くしない。小鍋のだし汁は温まった。いざ出陣ー。水切りされた箸の奴を、もう一度布巾で手早くふいて、バットに広げた片栗粉の上でサササっと転がして、油の鍋へ。ボヤっとしていると、豆腐の中の限りないいいい水分が片栗粉の壁をネチャっと粘らせる。

③奴の四面体は、油の中でタテ・ヨコ・ウエ・シタ・ミギ・ヒダリ、万遍なく引っくり返されて、キツネ色に揚がる。

黒い丹波焼きの中鉢に、形よく盛って、青い葱、ベージュの生姜、キツネ色に揚がったとうふ。さあーっと出し汁をまわし掛け、色艶の良いカラシ一さじそえてみる。

★さっくり、じゅわーっと、清々しい一品となりました。

〝江戸前〟と、私の手料理をほめて下さったM氏は、この春、逝ってしまわれた。

ワイン通であり、また心深い俳人でもあった。

母のビーフン

次兄は、病気を多く持ちながらも父の行年を越して、八十才で逝った。

私より十四才も年上の兄でありながら、次から次へと病気を抱えたので、母の関心は、末っ娘の私より、専らこの兄に対して向けられていた。

本書九ページの「たまご」、四十五ページの「コーヒー」に登場する兄である。

私は、ガマンをし、尽《つ》くす妹として人生の大切な刻をすごした、という気持ちを抱いていた。

殊に、転勤族の我が家に実家の母を迎えてから、私には介護の対象である母が、兄にはいつもお祈りをしてくれる安らぎの懐《ふところ》であるという矛盾に、苦しめられた。

八十年の生涯で、病いを忘れて過ごしたのは十七年間だけだった兄は、最晩年は心筋梗塞と腎不全に苦しんだ。

ある日、病院から一時帰宅している、という兄から、電話が掛かった。

「よし子、ばあちゃんのビーフンが食べたい。作ってくれないか」……私は材料を用意して兄の元へ急いだ。あの「中学生の夏」の時のように。

［レシピ］

①材料はホントにシンプル。台湾時代に身につけたレシピが、母のオリジナルでシンプルになったのかも知れない。

長葱、豚肉の薄切り（バラは使わない）、干し椎茸のもどしたものとそのもどし汁。醤油、塩、コショウ。千しビーフン。これだけである。

②干し椎茸、ビーフンとも、生ぬる湯でゆっくりもどしておく。柔らかくもどったら笊にあげておく。シイタケのもどし汁は大切なスープ。

長葱、椎茸、豚肉は三センチぐらいの長さに揃えて細切りに。

③油で温めた中華鍋に、具を一度に入れて炒め、少し強めの塩コショウ、酒で味つける。この下味が薄いと、出来上がりが、アイマイな味になる。

しいたけのもどし汁の香りが立ったところで多めのお湯を足して、食べ易い長さに切ったビーフンを投げ入れて、汁気がなくなるまで、中火で、箸を廻してやる。仕上げは、さあーっと醬油をひとまわしかけてよく混ぜる。

★ほんとうに、アッサリ味の、しいたけ風味のビーフンである。

分量は決して多くはなかったが、兄は全部平らげて、元気が出たのか、

「あゝ、ご馳走さまでした。…時に君のエッセイですが、なかなか達者ですなあ。…

しかし、本屋さんでは…売れませんなー」と小憎らしいことを云った。

それから、ポツリと〝よし子には世話になった。ありがとう〟と、泣いた。

吉良屋《きらや》のけんちん

夫の実家は、新橋は元田村町の酒屋で、吉良《きら》屋といった。

あの三州吉良《きら》の仁吉《にきち》親分の「吉良《きら》」である。築地にあった大店《おおだな》吉良屋（この初代が三州吉良の出自であった）に丁稚《でっち》奉公に入り、持ち前の頭の良さと、機転の良さで、特にお内儀《かみ》さんに目をかけられて、どんどん力をつけ、吉良屋の暖簾をもらって隆盛を誇り、烏森神社の総代として、街の親分衆とやり合ったらしい。ある時、自由劇場（串田和美さん他）の〝上海バンスキング〟か〝もっと泣いてよフラッパー〟かで、

おじいちゃんがモデルではないかと思われる粋な人物が登場しているのに、ビックリした、ことがある。

けれど、残念なことに、後年商売《アキナイ》も小さくなり、番頭さん、小僧さん、女中さん等の手が減って、病弱のおばあちゃんの代わりに、おじいちゃんは、昔とった杵柄《きねづか》で、〝金盃印《きんぱいじるし》〟の長い前掛けをしめ、くわえタバコで台所を仕切るようになった。

毎朝のご飯の味噌汁の旨さもさることながら、糠漬けが絶品で、台所の床板をあげて、桶の中を掻きまわしては、毎朝ピカピカの茄子や胡瓜を取り出して食べさせてくれた。

もう、それだけで満足な朝ごはんだった。

さて、そのおじいちゃんが最も得意としたのが〝けんちん汁〟であった。

冬になると、台所の練炭火鉢の上に、けんちん汁の鍋が、あたたまっていた。

［レシピ］

①里いも、人じん、大根、牛蒡《ごぼう》、各々食べ易い、いちょう切り、乱切りにする。

ある程度の下煮をした野菜は、鰹出《だ》しで、アクをすくいながらコトコト煮る。

里いもがほっこり煮えたところで、清汁《すましじる》より濃いめに醤油を入れる。
②水切りしておいた木綿豆腐を、左手でわし掴みにして、握りつぶしながら、野菜汁の中へ流しこむ。大きかったり、どろどろだったりの豆腐が鍋の中になだれこんで、鍋の中は急に賑やかになるのである。
★お玉で、チョイと掬《すく》って味見をすると、おじいちゃんは、
〝しまいが胡麻油だ！〟
タラーリひとたれ、これが吉良屋のけんちん汁の奥の手であった。

〈その二〉「ご馳走さまになりました」

①伯母さまへ（舌《した》ダゴ）

伯母さま、あれは私が結婚する直前に、残した荷物の整理のために、老骨鞭打った父の最後の故郷帰りの時でした。「舌だご」なるものをご馳走になったのは……。話はとびます。

伯母様が、天草の村に嫁ぐには余りにもインテリであったことは、小さい頃疎開して棟《むね》を同じくすごした明け暮れに、〝新聞は英語でいえばニュース・ペーパーといいますバイ〟とか、水屋で釜の煤落としをしながら〝うーるーわしーのしーらゆり（白百合）〟と賛美歌を口ズサンでおられたことから、承知してました。

〝一回で良かですけん、士族の娘でもあった私という一生を小説に書きたかですもん〟と幼い私に、まるで友達かなんぞのようにおっしゃった時、私はビックリしたのでした。

残念ながら、インテリの伯母さまは、お料理がお得意ではなかったようですね。

田舎ぐらしでは新参者《しんざんもの》の母が、手際良く食材を生かした料理を作るのを、恨らめしそうに眺めておられましたっけ。いえ、天草の海の村です。料理なんか出来なくても、獲れ立ての海のもの、山のものがそのまゝで頂けます。

話を「舌だご」に戻しましょう。

お別れしてから十年の歳月が経っていました。父も、伯父さま伯母さまも精一杯年をとって、本当これが最後の面会かと、それとなく、各々が想ったようでしたね。

伯母さまは水屋を何回も往復して、やっと一皿のおもてなしをして下さいました。お皿には、小麦粉を練って、ゆがいたものに黒砂糖が、かゝっていました。

〝舌だごですけん。兄《あん》さんには柔らかつがようござりまっしょ〟

箸で拾いあげてみると、ぺらぺらと揺れ動く、それは人間の舌《した》のような小麦粉団子だったのですね。ニュース・ペーパーと自伝小説とあまりにも簡単な舌団子の取り合わせの妙に私は、今でも、ひとり、うなづいています。

②葦原邦子さんへ（真夜中の、海苔巻き）

お優しい方でしたね。天下に名だたる往年の宝塚大スターのあなたに、私は海苔巻きをご馳走になりました。

それは、ファッション雑誌〝それいゆ〟の原稿〆切り間際でした。私は中原淳一先生に命ぜられたファッションページのキャプションがなかなか書けなくて、先生のアトリエに缶詰になっていました。

中原先生は、といえば、アトリエの広いサロンの隣りの書斎で、何時間も机に向かっていらっしゃいました。

ケシゴムで消しては書き、消しては書きして、おそるおそる先生の机の傍に立つと、先生はペンで、あとから〳〵モード絵を書き続けていらっしゃるではありませんか。

そうっと差し出すキャプションの原稿に、先生の首は一向に縦に振られない。

段々辺りは暗くなり、私は一歩も進めない自分を持て余し〝もう首になるかも知れない。それに今日は家にかえれなくなるかも知れない〟泣き面《つら》でした。

丁度その時、タクシーが門の外で停まり、ガラス戸越しに首を伸ばして玄関を見ると、日テレの番組出演を終えた和服姿の葦原邦子さんのご帰宅でした。葦原さんはいうまでもなく中原先生の奥さんでした。

それから間も無く、葦原さんは割烹《かっぽう》着《ぎ》姿で出ていらっしゃいました。お盆に、先生と私への温かいお茶と海苔巻きの皿を乗せて。

葦原さんは、先ず私の方へ近寄って、〝新人さん、頑張ってね。もう一息、きっとOKが出ますよ〟とふくよかな声をかけて下さいましたね。

大ぶりのお湯呑の温かいお番茶と、小腹をいやす数個の海苔巻きの、どんなにおいしく、感激的なものだったことでしょう。

ふくよかで、お優しく、細やかで美しかった葦原さんは、お正月の集いの時にも割烹着を脱ぐお暇もなく、お煮物や手作りギョウザで、編集部員たちをもてなして下さいましたね。

そこにあるのは〝大女優〟ではなく、〝大きい母〟でしたね。私もこの人生で得難い出逢いを頂いて、この上なく幸せな想い出となりました。

山便り、ふるさと便り

●年の暮れ。段ボール箱いっぱいの夏みかんが、館林のA様から届きました。ジャム作りの好きな私の所望に応えて、ご夫妻がご自宅のみかんを捥《も》いで送ってくださったのです。

●年が明けると、天草の従兄のお嫁さんから〒パックが届きました。手作りの麦ミソ。糀《こうじ》でこしらえた本格的甘酒。片口《かたくち》イワシのイリコと自家栽培の大豆の健康アマカライ、イ、イ、リイリ。

●早春の〈ピノキオクラブ〉の日に、〃お母さんから〃としめった新聞紙にくるまれた蕗のとうが届きました。このお母さんのヒミツの土手からの採集品に違いありません。

●四月に入って、八ヶ岳の麓から、袋いっぱいの土筆坊が届きました。
〃貴方のエッセイを読んだら、どうしても送りたくなりました〃とのことでした。土筆の束の中から、まあ、かわいらしい野ビルの坊やが二、三粒。早速その夜の山便りー。

●先日、鎌倉の旧友が、庭の蕗をやっと摘んだから…とお手製のキャラ蕗と下拵えの済んだ蕗をどっさり持参してくれました。ご主人介護の中でも、いつも素敵な彼女にしては珍しく、うっすら爪に土が入り込んでいて、私は胸がいっぱいになりました。
みなさん、本当に、ご馳走さまでした!!

うつみ よしこ

内海宜子。

昭和 9 年 8 月 28 日　東京世田谷松原にて生まれる。

第二次世界大戦東京大空襲直後、父のふるさと熊本天草に疎開。戦後、博多 福岡女学院、帰京後、東洋英和女学院から早大仏文学科へ。

大学 4 年卒論提出後、卒業式を待たず、出版社「ひまわり社」見習いとなる。約 1 年半それいゆ編集部勤務、結婚のため退社。札幌、仙台、東京、名古屋と転勤。

横浜在住。

地元でピノキオクラブ（子どもの読書と自己表現）を主宰。25 年目となる。

著書『私のそれいゆ日記』（風詠社 2022）

　　『パリはごきげん♪』（風詠社 2023）

ぐるめ れくいえむ

2024 年 5 月 1 日　第 1 刷発行

著　者　　うつみよしこ

発行人　　大杉　剛
発行所　　株式会社 風詠社
　　〒 553-0001　大阪市福島区海老江 5-2-2 大拓ビル 5 - 7 階
　　TEL 06（6136）8657　https://fueisha.com/
発売元　　株式会社 星雲社（共同出版社・流通責任出版社）
　　〒 112-0005　東京都文京区水道 1-3-30
　　TEL 03（3868）3275
印刷・製本　シナノ印刷株式会社

ISBN978-4-434-33679-9 C0095
乱丁・落丁本は風詠社宛にお送りください。お取り替えいたします。